サーバとデータセンターが基礎から実践まで分かる本

サーバの管理、故障対応……インフラ技術者がすべて解説!

はじめに

本書では、主にオンプレミス（自社保有）のインフラ環境について解説を行なっています。
筆者はインフラ系の仕事を続けて約20年になりますが、一言でインフラと言っても、純粋なインフラであったり、セキュリティだったり、インフラの中でも開発だったり、あるいはネットワークの分野だったりと、さまざまです。

すべてのインフラの分野でサーバ、サーバルーム、データセンターの知識は欠かせないものとなっていますが、そのような情報を包括的にまとめた書籍はあまり見たことがありません。
本書では、自分が若いころに知りたかったインフラに関する情報を包括的にまとめました。

＊

インフラの技術者として早く成長したい方がもしもいたら、中古でもいいので部品を集めてシステムを、あるいはサーバを組んでみてください。
そして壊してください。
そうしたら、また作ってみてください。
考えながら手を動かすことが最も早いレベルアップへの近道となります。

インフラに携わる方、もしくはインフラに興味がある方の手元に本書を置いていただけると幸いです。

本書を読んでいただいたすべての方に、良いインフライフが訪れますように。

小林　隆宏

サーバとデータセンターが基礎から実践まで分かる本

サーバの管理、故障対応……インフラ技術者がすべて解説!

CONTENTS

第1章

サーバの基礎とサーバラック

本章では、「サーバ」の基本的な機能や情報と、「サーバラック」について詳しく説明しています。
また、「サーバルーム」や「データセンター」の関係性についても説明しています。

IT技術者とサーバは切っても切れない関係なので、本章を読むことでイメージができるようになると理解が早くなります。

1-1 サーバとは

ここでは、サーバに関しての基本的な概念から、どう扱っていけばいいかの導入部分まで、さまざまな観点からご紹介します。

サーバとは何か？（物理的、論理的）

「**サーバ**」とは、「機能やサービスを提供する主体」を指します。
一方、「機能やサービスやデータを提供される側/使う側」を「**クライアント**」と呼びます。
状況によって、サーバがクライアントの役割になったり、クライアントがサーバの役割になったりすることもよくあります。
また、サーバでありクライアントでもあるという状況も普通にあります。

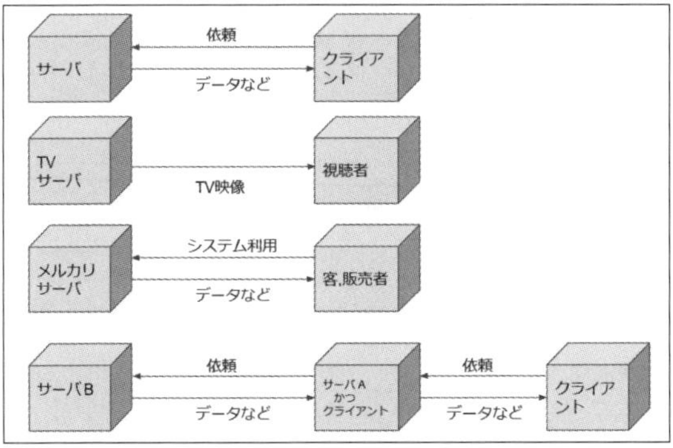

図1-1-1　サーバとクライアントの関係例

サーバ(物理的)とは何か？

「**サーバ(物理的)**」とは、「サーバ用途で作られた機械」のことを指します。

サーバの物理筐体は、一般家庭で使われる「クライアントPC」(**パソコン**)と似ている部分もありますし、大きく違う部分もあります。

基本的にサーバは多くのクライアントから接続される(不具合時の影響が大きい)ので、なるべく問題が発生しないような構成を取ることが多いです。

また、家庭用パソコンでもサーバとして使うこともできますし、実際にそのように使われています。

汎用的なコンピュータの基本構成は「**CPU**」「**メモリ**」「**記憶装置**」ですが、それはパソコンもサーバも変わりません。

他にも「**ノースブリッジ**」「**サウスブリッジ**」「**UFEI**(BIOS)」「**キャッシュ**」など、重要な要素がありますが本書では扱いませんので、気になる方は検索してみてください。

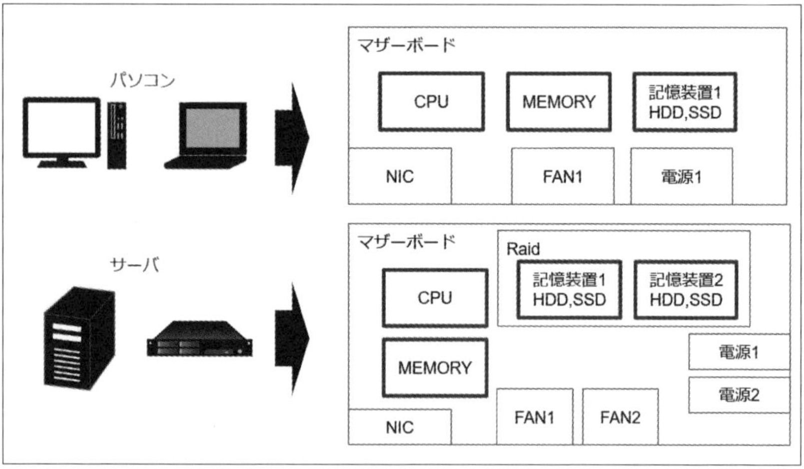

図1-1-2　パソコンもサーバも、内部部品で重要なのはCPU、メモリ、記憶装置

＊

大前提としてコンピュータは消耗品なので、サーバ用物理筐体であっても必ずいつか壊れます。

(もちろんシステムのライフサイクル中に一度も壊れないようなケースもありえます)

よって、部品が壊れる前提で考えられていて、壊れてもすぐに問題が出ないように各部品が「**冗長化**」されています。

冗長化とは、システムや機械や部品を複数個装備して、仮に一個壊れても止まらない仕組みにする構成のことです。

冗長化の例としては、HDDが複数個ついていて一個壊れてもシステムが止まらない仕組み(いわゆる「**RAID**」)などがあげられます。

コンピュータはホストと呼ばれることもあります。

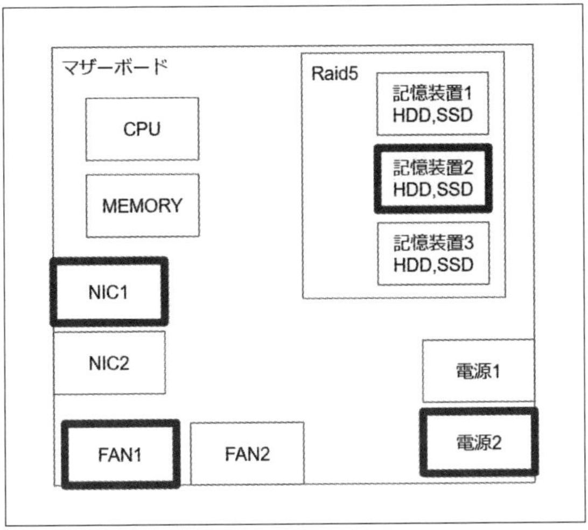

図1-1-3　たとえば太枠部分(記憶装置、ファン、電源)が壊れてもサーバを使い続けられる

サーバ(論理的)とは何か?

「**サーバ(論理的)**」とは、「サービスやデータなどを提供するシステムや主体」のことを指します。

基本的にサーバは「**Windows Server**」のような「**サーバ用OS**」がインストールされて利用されますが、たとえば「**Windows11**」のような「**クライアント用OS**」がインストールされているホストでも、サーバ機能を設定することはできます。

とはいえ、たとえば接続できるクライアントの数に制限があるなどの、なんらかの制約がかかることが一般的です。

また、Windows Serverは有料ですが「Linux系OS」(たとえば「**Ubuntu Server**」や「**CentOS**」)など、無料で利用できるサーバ用OSも多数存在します。

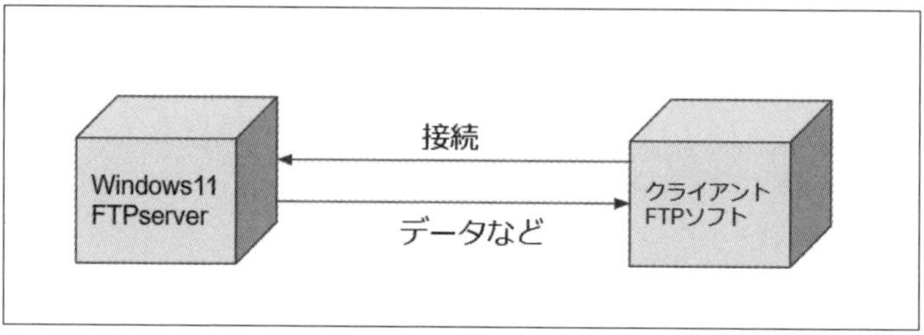

図1-1-4　クライアントOSにサーバ機能を設定可能ではある

Column　サーバOSとクライアントOS

普通の人が使うコンピュータに入っているOSは、Windowsもしくはmac OSでしょう。

では、サーバに入っているOSにはどんなものがあるのでしょうか。

表1-1-1　サーバ用OSとクライアント用OS

	サーバ用OS	クライアント用OS
Microsoft	Windows Server	Windows11、Windows12など
Linux	Red Hat、Ubuntu,AlmaLInux、Rocky Linux、Oracle Linux、MIRACLE Linuxなど	Ubuntu、Linux MINTなど
Unix	macOS、AIX、HP-UX、FreeBSDなど	macOSなど
組込み(RTOS)	μITRON、WindowsEnbedded、組み込みLinux、Androidなど	iOS、Androidなど

クライアントOSは基本的にいろいろなサービス(サーバ)に接続しますが、「多数の端末から接続される」ことはありません。

サーバ用OSとクライアント用OSには多くの違いがあるので、気になる方は関連資料を漁って(ネットで検索して)みてください。

物理的観点と論理的観点

システム(サーバ)は物理的構成と論理的構成の2つの構成で成り立っています。

システムはHardware《ハードウェア》とSoftware《ソフトウェア》の組み合わせで構成されている、と書くともっと分かりやすいでしょうか。

この「物理的観点と論理的観点」はとても重要な概念で、自分が今どの観点で話や設計や作業をしているか、ということを常に意識するようにしましょう。

特に仮想化やコンテナやクラウドが一般的になった最近の風潮では、自分や相手がどの観点で話をしているかを明示的に意識しないと、理解が難しかったりお互いの認識に齟齬《そご》が生じかねません。

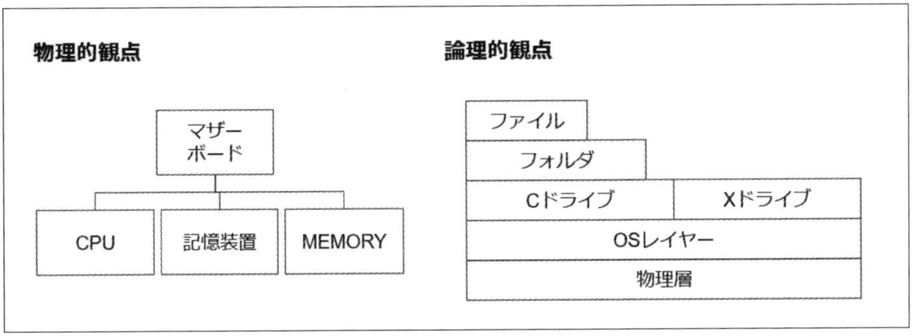

図1-1-5　物理的観点と論理的観点の例

サーバを使うメリット、デメリット

サーバを使うメリットとデメリットを簡単にまとめます。

表1-1-2 サーバを使うメリットとデメリット

メリット	デメリット
スケーラビリティ 大規模なトラフィックやアプリケーションの増加に対応できるように、スケーラブルに設計されています。	**コスト** 必要に応じて多大なコストを伴います。 大きな初期投資が必要であり、初期投資の他にもメンテナンス、アップグレード、電力消費、データセンターの賃料など、多くのコストがかかる場合があります。
パフォーマンス 高速なCPU、大容量のRAM、高速なストレージなど、パフォーマンスを向上させるためのハードウェアがあります。	**管理** サーバを設置すると、管理が必要になります。 ソフトウェアのアップグレード、バグ修正、セキュリティパッチの適用、ハードウェアのトラブルシューティングなど、専門的なスキルが必要です。
信頼性 サーバは、高い信頼性を備えた構成で実行されます。 バックアップ、冗長電源、冗長ファンなど、機能停止を防ぐためのさまざまな機能が提供されます。	**運用負荷** サーバを運用するためには、経験やスキルを持ったITスタッフが必要です。
セキュリティ より安全なデータストレージとアプリケーション実行環境を提供できます。 セキュリティを維持するために、サーバは通常、ネットワーク接続やアクセス制御などのセキュリティ機能を備えています。	**柔軟性や利便性の低下の可能性** サーバを設置すると、システムの利便性や柔軟性が低下する可能性があります。

サーバの種類(物理的、論理的)

一言でサーバと言っても、さまざまな種類があります。

種類があり過ぎてすべてを例示することはできませんが、ここでは比較的よく使われている種類を挙げます。

サーバの種類(物理的)

サーバ筐体にはさまざまな形や種類があり、本書に載せているものはわずか一部となります。

通常、サーバとネットワーク機器は区別されますが、合わせて本項で紹介します。

・ペデスタル型(タワー型、フロア型、据え置き型)サーバ

タワー型PCと同じ外見の筐体で、縦置きで使うこともあれば、レール用のオプションパーツなどをくっつけてサーバラックに横向きに設置することもあります。

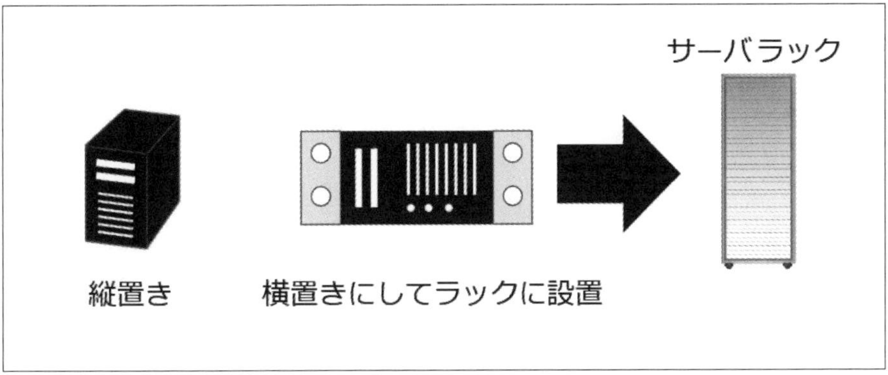

図1-1-6　ペデスタル型

・ラックマウントサーバ

ペデスタル型と異なり、最初からサーバラックに搭載されることを想定した形状をしているサーバの筐体です。

ただし、ペデスタル型のように「**ラックマウントサーバ**」を机の上に置いて使うようなケースも多々あります。

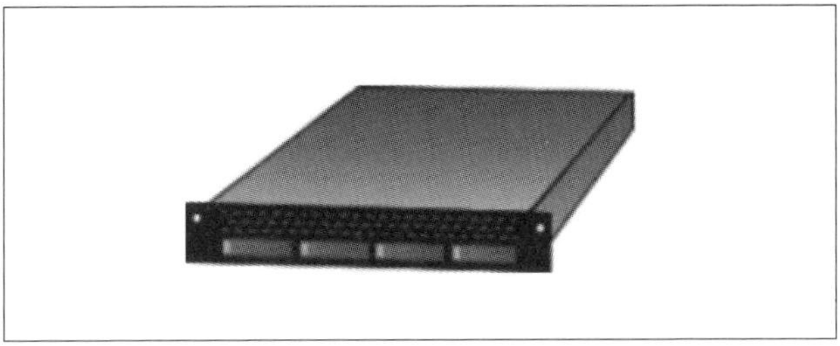

図1-1-7　ラックアマウントサーバの形状

・ブレードサーバ、マルチノードサーバ

「ブレードサーバ」は、シャーシ※に高密度にサーバを詰め込んだ筐体となります。

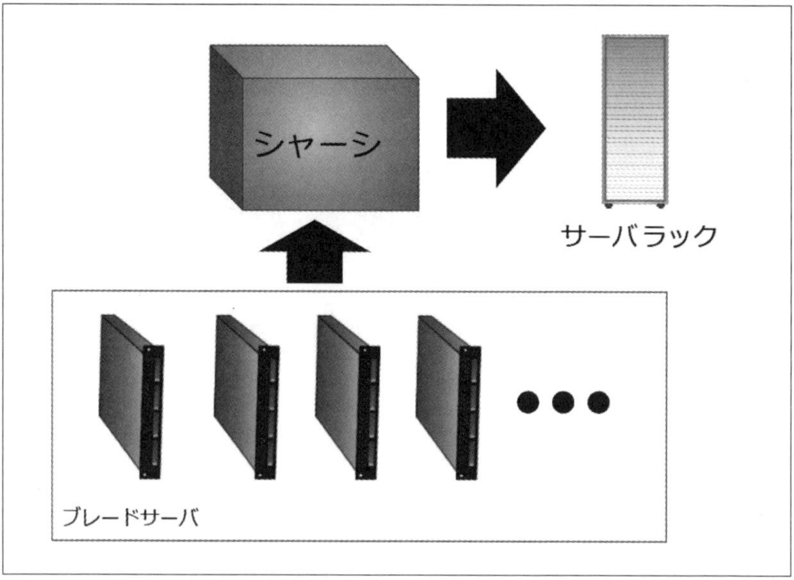

図1-1-8　ブレードサーバのイメージ

※シャーシは単なる入れ物としての箱ではなく、管理機能をもった高機能な部品です。

・オフコン(オフィスコンピュータ)

「**オフコン**」は汎用OS（いわゆる普通のWindowsやUnixなど）が広まる前に利用されていた、事務処理に特化した機械です。

専用OSを搭載していて、機体の形状も千差万別です。

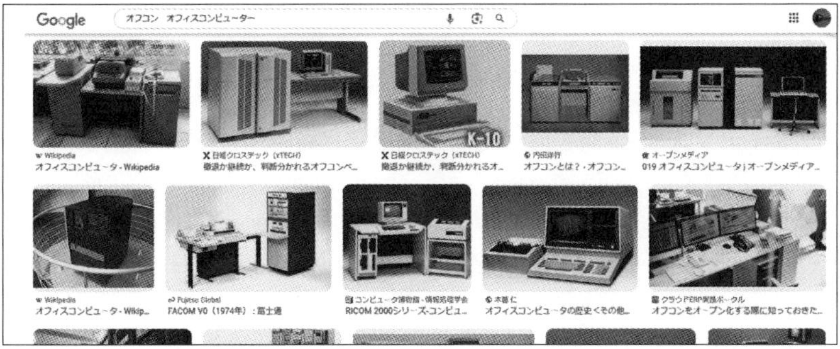

図1-1-9　オフコンをGoogleで検索すると、いろいろな形状があることが分かる

・メインフレーム、汎用機、ホスト機

「**メインフレーム**」は富士通や日立、NECなどさまざまな会社から販売されていますが、特に有名なのがIBM社の「**zSeries**」です。

ただし、富士通や日立はメインフレームのハードウェア製造から撤退が決まっているなど、規模としては縮小傾向にあるようです。

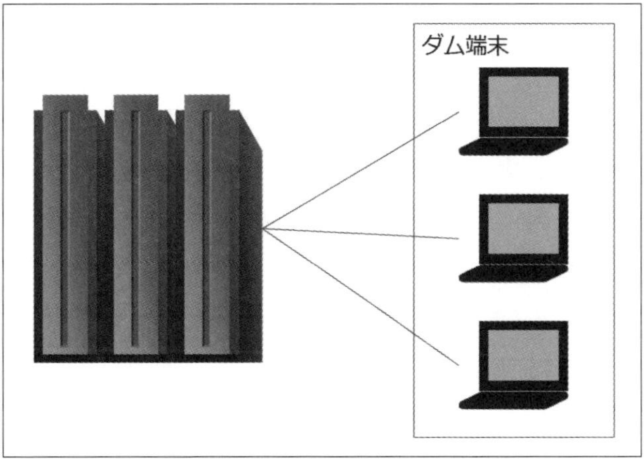

図1-1-10　メインフレームのイメージ

・**スーパーコンピュータ**

「**スーパーコンピュータ**」、いわゆる「**スパコン**」は大量のサーバ(ノード)で一つのシステムを構成するようです。

外見的にはサーバとサーバラックが大量にあるだけで、パッと見では普通のサーバと見分けがつかないかもしれません。

・**アプライアンス、ストレージ**

「**アプライアンスサーバ**」とは、特定の用途向けに専用に設計、開発されたサーバ製品のことです。

見た目としては、一見して普通のラックマウントサーバと見分けがつきにくい形状をしていますが、まれに、通常のサーバとまったく異なる見た目をしているアプライアンスサーバもあります。

次に載せる例は、コントローラ2台とディスクエンクロージャのストレージの組み合わせとなります。

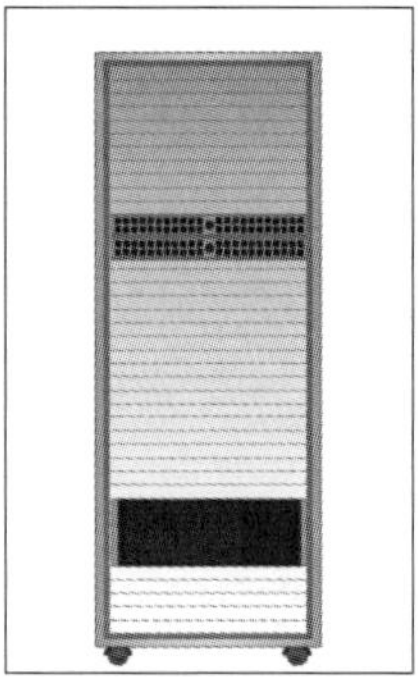

図1-1-11 ストレージの物理的な配置例

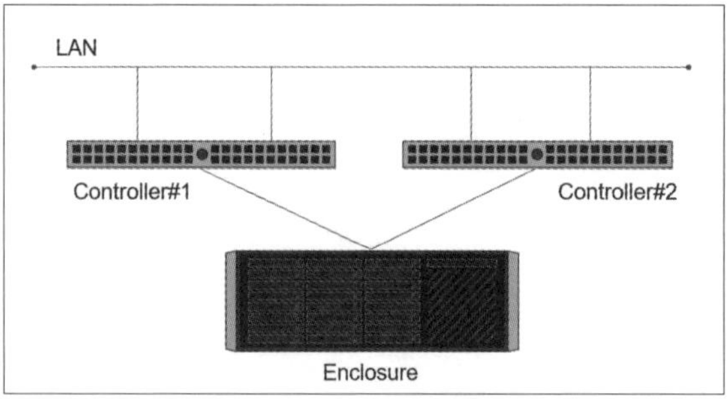

図1-1-12 ストレージの論理的な接続例

・スイッチ(ネットワーク機器)

「**スイッチ**」は通常のスイッチやL3スイッチなどさまざまな種類があります。

図1-1-13　スイッチ(Switch)

・ルータ(ネットワーク機器)

「**ルータ**」は異なるネットワークを接続する役割をもちます。
形状もスイッチ同様にさまざまなものがあります。

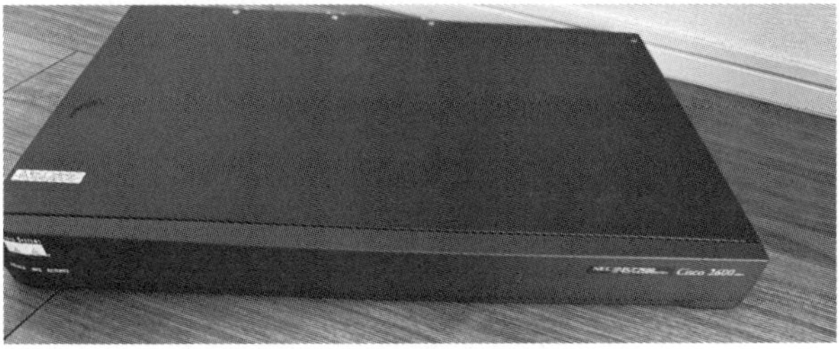

図1-1-14　ルータ(Router)

サーバの種類(論理的)

サーバとはすでに説明した通り、「機能を提供する主体」のことです。

したがって論理的なサーバの種類は「機能の数」だけ存在します。つまり、種類は「ほぼ無限に存在する」と言っても過言ではありません。

ここでは、よくあるサーバの種類の例を記載します。

よくあるサーバの種類

・Webサーバ	・キャッシュサーバ
・DNSサーバ	・VPNサーバ
・DHCPサーバ	・デスクトップ仮想化サーバ
・FTPサーバ	・ストレージサーバ
・メールサーバ	・システム管理サーバ
・ファイルサーバ	・クラウドサーバ
・データベースサーバ	・ActiveDirectory(ディレクトリサービス)サーバ
・プリントサーバ	・HyperVisor
・バックアップサーバ	・アプリケーションサーバ
・CMSサーバ	・ゲームサーバ

etc…

サーバはどうやって管理するか?(物理的、論理的)

サーバも人間の健康や精神状態と同様に、刻一刻と変化する「現在の状態」が存在します。

「現在の状態」を正常に維持し続けることや、異常であれば正常に戻すこと、正常な状態を妨げる原因を取り除く/防ぐことを「**サーバの管理**」と言います。

サーバ(物理的)はどうやって管理するか?

通常、サーバは「**サーバラック**」に収容され、管理されます。

サーバラックとは、多数のサーバや機器を収納する入れ物のことです(詳細は後述)。

サーバ(システム)管理者は、「どのシリアル番号の、なんというホスト名の、IPアドレスは何々の、何々という機種はどこにあるラックの〜Uに格納されている」という情報を、Excelファイルやスプレッドシートなどの何らかのシステムで確実に把握している必要があります。

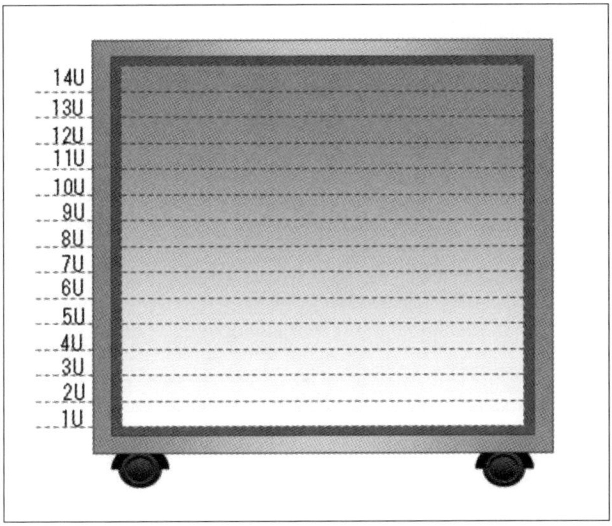

図1-1-15　小型の19インチサーバラック

サーバラックの見た目としては、「**19インチラック型**」（**図1-1-15**）や「**OAラック**」「**メタルラック**」があります。

業務用で一般的によく使われるのは42Uほどある大型の19インチラックですが、小規模なシステムであれば小型の19インチサーバラックやOAラックやメタルラックが使われることも多いです。

図1-1-16　OAラック

サーバ(論理的)はどうやって管理するか？

サーバにはCPU、メモリ、記憶媒体が存在すると書きましたが、外側から機器を見ただけでは論理的な状態は分かりません。

一応、筐体のランプ状態を見れば「ディスクにアクセスしているな〜」とか、「何か処理をしているな〜」くらいは分かるかもしれませんが、その程度です。

サーバの論理的な状態を知るには、①サーバにログインして状態を表示するコマンドを打ったり、②サーバに対してコマンドを実行して結果を見たり、③管理サーバの管理画面で状態を見たり、④対象サーバ側から情報を送るように設定したりして、現在の状態を把握します。

＊

サーバの管理では、たとえばCPUやメモリのリソースを使い過ぎていれば停止可能なプロセスを停止させたり、ディスクの空き容量がない場合は不要なファイルを消して空きを作ってあげたりなど、能動的に世話をしてあげる必要があります。

「正常な状態はどんな状態か？」「現在はどんな状態か？」を把握することがサーバ管理の第一歩です。

サーバ作業はどのように行なうか？（物理的、論理的）

サーバ作業はどのように行なうか？（物理的）

物理的な「**サーバ作業**」は、筐体の設置や、各種ケーブルの取り回し、抜き差し、タグの取り付け、バックアップテープ操作、電源操作などがありますが、サーバラックで管理している場合は前後の扉を開けて作業を実施します。

サーバ作業はどのように行なうか？（論理的）

論理的なサーバ作業は、「リモート接続」もしくは「サーバラック内のモニタキーボード」、または「ノートPCなどを直接ケーブルで接続」して操作します。

リモート接続は、当然ですが、別の部屋や別の建物、遠くの県、違う国からでも操作可能です。

リモートの接続例 (※詳しくは第2章の「リモート操作」を参照)

・作業用PCからWindowsServerにリモートデスクトップ接続(mstsc)
・作業用PCからLinuxサーバにSSH接続
・作業用PCからサーバにVNC接続
・作業用PCから共有サーバにExplorer,SCP接続
・作業用PCからサーバの管理ページにブラウザで接続
・作業用PCからHyperVisor経由でVMに接続
・作業用PCから踏み台サーバ経由で対象サーバに接続
・作業用PCからIPMI経由で対象サーバに接続
・作業用PCからVPN、Proxy経由で対象サーバに接続

正常(異常)な状態とは何か?

現在の状態が分かることと、それが正常なのか異常なのかが分かることとは別の話です。

ここでは「**正常な状態**」と「**異常な状態**」とは何か考えてみます。

正常な状態とは?

サーバにおける「正常な状態」とは、処理を正常にこなせる/こなしている状態のことを意味します。

もっと細かく言うと、CPU・メモリ使用率、ディスク使用率、ネットワーク、ログ、パフォーマンスなどのリソース状態に問題がない状態とも言えます。

ちなみに、リソース状態にまったく問題がなくても、業務処理でエラーや遅延が出ることもあるので、「リソース状態に問題がないこと+業務処理も特に問題ないこと」を「正常な状態」と考えるといいでしょう。

*

一般的に、CPU・メモリ使用率、ディスク使用率は低ければ低いほど望ましいです。

しかし、想定以上に低いと逆に「処理が動作していないのではないか」と心配になりますし、そのような場合は恐らく悪い予感が当たっているでしょう。

異常な状態とは？

サーバにおける「異常な状態」とは、「正常な状態ではない状態すべて」と言えます。

ただし、異常だからといってただちに業務処理に影響が出る（出ている）かどうかは別の話です。
たとえば、サーバの複数ある電源のうちの1個が壊れていたとしても、通常はそのまま使い続けることはできます。

サーバの状態とログの取得

サーバの状態を知るために確認する箇所の例を記載します。
あくまで一例なので、詳しくはシステムごとの設計書や手順書を熟読してください。

物理

- サーバ筐体の刻印
- サーバ筐体のシール
- LEDランプ状態
- ビープ音、エラー音、筐体の動作音
- 電源状態、電源ランプ
- におい

HW（ハードウェア情報の取得）

- OS上でコマンド実行（レジストリや設定ファイルの閲覧含む）
- BIOS（UEFI）
- IPMI
- Bladeシャーシの管理画面
- その他

SW（OS含むソフトウェア情報の取得）
Windows

- システム情報：systeminfo
- システム構成情報：msinfo32
- dcomcnfg
- msconfig

・イベントログ
・レジストリ
・その他

Linux/UNIX

・dmidecode
・システムログ：messages、syslog.log など
・カーネルメッセージ：dmesg
・その他

スイッチ/ルータ

・startup-config
・running-config
・その他

よくある物理故障箇所例

絶対ではありませんが、サーバの故障箇所はほぼ決まっています。

いかにサーバとはいえ、「故障したら爆発する！」ということは通常はありません(ごくまれにありますが)。

大抵の場合は、OSの挙動がおかしくなったり、エラーログを吐いたりすることになります。

IPMIのログなど、各種ログや切り分けなどによって物理の故障箇所を特定できます。

ログで故障箇所を特定できない場合は、状況から故障箇所にあたりを付けて確認します。

壊れやすい部分とその影響例

HDD、SSD	IOエラー、IO遅延、OSダウン、OSの(論理的)破損
電源	OSダウン、挙動不審
マザーボード(システムボード)	OSダウン、挙動不審
Raidカード	OSダウン、挙動不審、IOエラー、データ論理破損
ライザーカードなど拡張用カード	OSダウン、挙動不審、IOエラー
テープ装置	挙動不審、バックアップ失敗、テープを認識しない

壊れにくいがまれに壊れる部分とその影響例

CPU	OSダウン
メモリ	エラーログ、OSダウン
各種ケーブル類	挙動不審、OSダウン
LAN (FC)ケーブル	通信不安定、挙動不審、エラーカウントやリトライの増加
ネットワーク機器のポート	通信不可、通信不安定、挙動不審

故障箇所の特定方法

故障箇所は「**切り分け**」によって原因箇所を特定していきます。

切り分けとは、現在の状態を調べることによって、原因箇所に関係ない部分を論点から取り除いていって、最終的に残った部分が原因であるとする手法です。

たとえば、何か障害が起きたときに「ハードウェアには問題がないので、ソフトウェア側の問題でしょう」といった具合で原因を突き止めていきます。

故障箇所を特定するときに確認する部分の例

- 筐体の物理ランプの確認(物理)
- 筐体の音の確認(物理)
- 管理画面のステータス確認(論理)
- ログ確認(論理)
- 部品交換や論理的切り分け(物理、論理)
- 正常な機器との比較(物理、論理)

故障率曲線(バスタブ曲線)について

「**故障率曲線**」とは、時間が経過することによって起こってくる機械や装置の故障の割合や、エラー発生数の変化を示すグラフのことです。

形が浴槽(バスタブ)に似ていることから「**バスタブ曲線**」とも言われます。

サーバの筐体や、システムそのものの故障率は一般的にバスタブ曲線を描きます。
(導入直後の故障率は高めで、安定してくると故障率は低くなり、一定期間を過ぎると故障率がまた上昇する)

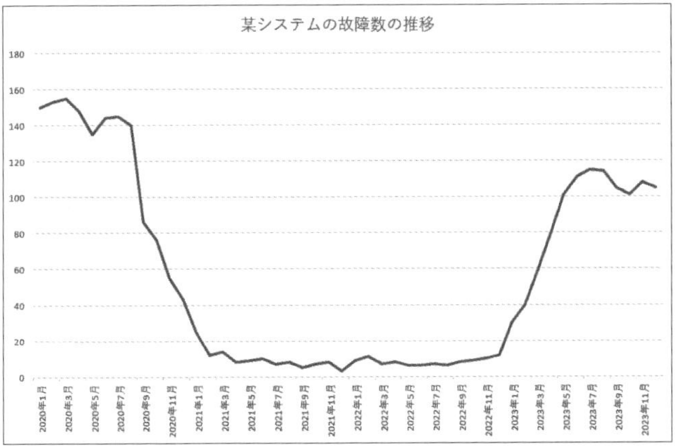

図 1-1-17　故障件数の推移の例

＊

バスタブ曲線は過去の多くのケースで発生した経験則なので、保守やシステム管理者のメンバー数をどうするかなどの考慮の助けになります。

保守

「**保守**」とは、契約内容に従ってベンダー（製造元、販売供給元）が修理をしてくれる有償のサービスです。

保守も製品やベンダーや故障状況によって千差万別ですが、よくあるパターンを記載します。

よくある保守のパターン

オンサイト保守	ベンダー作業員が筐体の場所に来て保守します。
リモート保守	LAN内に設置した「リモート用サーバ」を経由して、ベンダー作業員がベンダー内からサーバなどの機器の状況を確認して保守します。
センドバック保守	メーカーなどに部品や機器を送り、交換部品や機器を送り返してもらいます。
自力保守	自力で部品を入手して自力で保守します。

＊

「**保守時間帯**」も保守費用に跳ね返るので、考慮が必要です。

保守時間帯は「24時間365日」「平日日中帯」「保守ベンダーが定める時間帯のみ」など、費用や契約内容により異なります。

重要なシステムほど手厚い保守契約を結び、また、自社の技術力が低い場合も手厚い保守契約を結んだほうがいいでしょう。

GPGPU搭載AI向けサーバについて

サーバではCPU、メモリ、記憶装置が重要と述べましたが、近年では「**GPU**」(Graphics Processing Units)も重要になってきました。

GPUは当初、ゲームのグラフィック処理に特化したコンシューマ用途で広く出てきましたが、近年では「**GPGPU**」(General-Purpose computing on Graphics Processing Units)と呼ばれる、GPUの超強力で超高速な計算機能をゲームだけではなく汎用の計算でも利用する構成が一般化しつつあります(GPUは現在でもゲーム用途で利用されています)。

特にAIに関する処理は膨大な計算量が必要なため、通常のCPUでは時間がかかりすぎることから実用的ではなく、GPUを使って処理を行ないます。

＊

一般的にGPUを利用するとCPUを利用した場合と比べて数倍から数千倍以上速く処理を行なえますが、最も効率的にGPUに処理をさせるには、ハードウェアとソフトウェアを深く理解して最適な命令をする必要があります

そのため使う側にも高度な知識と技術が求められることが多いです。

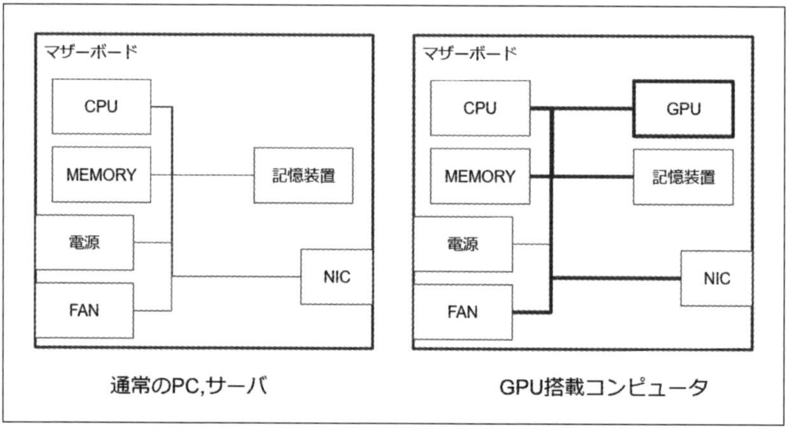

図1-1-18　通常のサーバとGPU搭載サーバの比較

通常のサーバとGPU搭載サーバの違いはいろいろとありますが、ぱっと見で分かる明らかな違いとして、「GPU」の存在と、各部品を接続する「高速な内部バス」があります。

GPUには、「CPUと比較して数倍から数千倍の数のコア」と「メモリ」が搭載されています。

1-2 サーバとサーバルームとデータセンター

サーバとサーバルームとデータセンターの関係性

それぞれの関係性を図示します。

サーバとサーバルームとデータセンターの関係性

・会社は複数のビル、データセンターをもち(借り)ます。
・データセンターには複数のサーバルームがあります。
・サーバルームには複数のサーバラックがあります。
・サーバラックには複数のサーバや機器があります。

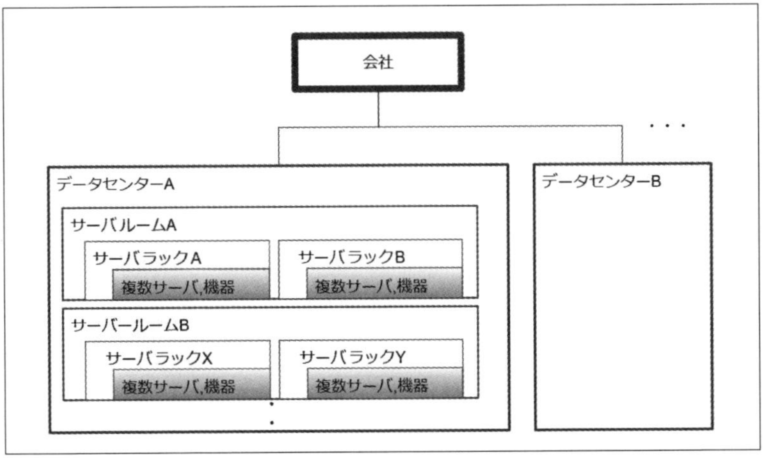

図1-2-1　サーバとサーバルームとデータセンターの関係性

サーバとシステムの関係性

それぞれの関係性を図示します。

サーバとシステムの関係性

・システムには複数のサーバが含まれます(1サーバの場合もあります)。
・サーバは複数のシステムに関係する場合があります(1システムのみに属することもあります)。
・システムは別のシステムと関連することがあります(独立していることもあります)。

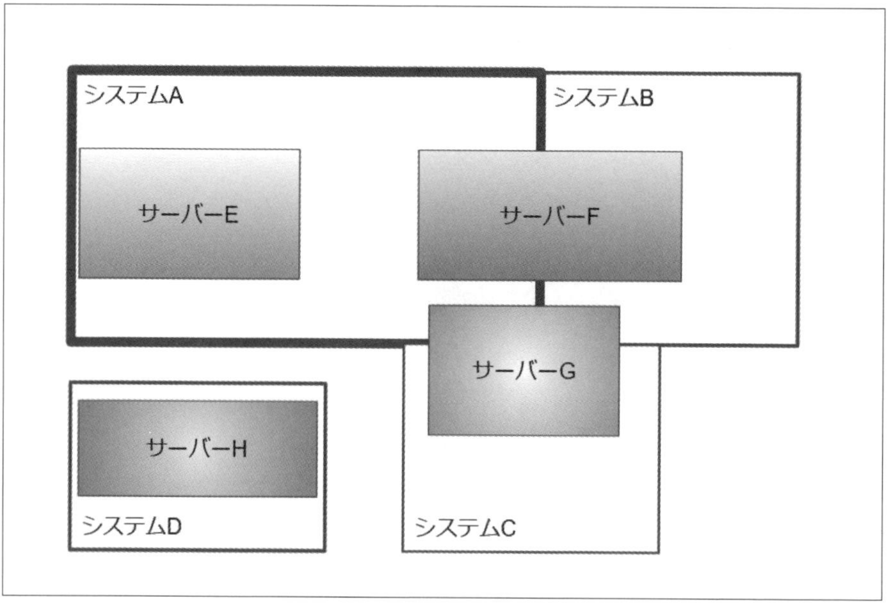

図1-2-2 サーバとシステムの関係性

サーバ管理者

通常、サーバは「**サーバ管理者**」によって管理されています。

サーバ管理者は「**システム管理者**」と呼ばれることもあります。
サーバはサーバ管理者によって管理されているので、あなたがもし何か作業をしたい場合は、内容にもよりますが、まずはサーバ管理者に相談するのがいいでしょう。

*

サーバ管理者は大量の機械を管理するので、作業によって何か問題が起きることを嫌います。
逆に言うと、何もしないと問題が起きることが分かった場合は積極的に協力してくれるでしょう。
サーバ管理者は味方につけておいたほうがいい役割の人となります。

サーバ管理者のことを知りたいならこの本を読もう

本書以上に、システム(サーバ)管理者のことをもっと知りたい場合は『先輩がやさしく教えるシステム管理者の知識と実務』(翔泳社 刊)を読んでみるといいでしょう。

図1-2-3　サーバ管理者の仕事を詳しく知ることができる本

1-3 サーバラックとは

「**サーバラック**」とは、サーバやネットワーク機器や関連する機器を収納する入れ物のことです。

サーバラックも小型のものから大型のものまで、さまざまな種類がありますが、本格的でよく使われるのは「**19インチラック**」です。

サーバラックの規格

19インチラックは、横幅が19インチ(482.6mm)のサーバを複数台、縦に積めるためそう呼ばれています。

19インチラックには「**EIA規格**(米国電子工業会)」と「**JIS規格**(日本工業規格)」があり、若干寸法が異なります。

搭載する機器に応じてどちらの規格のラックを利用するか選択するといいでしょう。

EIA規格のほうが「**標準ラック**」と呼ばれ、より多く使われているそうなので、EIA規格のほうがデフォルトと言っていいでしょう。

以降、特に記載がない限り、本書のサーバラックはEIA規格のものとします。

＊

サーバラックには複数のサーバを設置することができますが、最小単位は「高さ1U＝1.75インチ(44.45mm)」となります(横幅は19インチ)。

もちろん、空いている場所にサーバ以外のものを置くことはできます。

また、収容できるサーバ数を5U、42Uなどと表現します。

5Uのラックには1Uのサーバを5台入れることができ、42Uのラックには1Uのサーバを42台、2Uのサーバを21台入れることができます。

ちなみに、横幅が19インチ未満の機器も存在します。

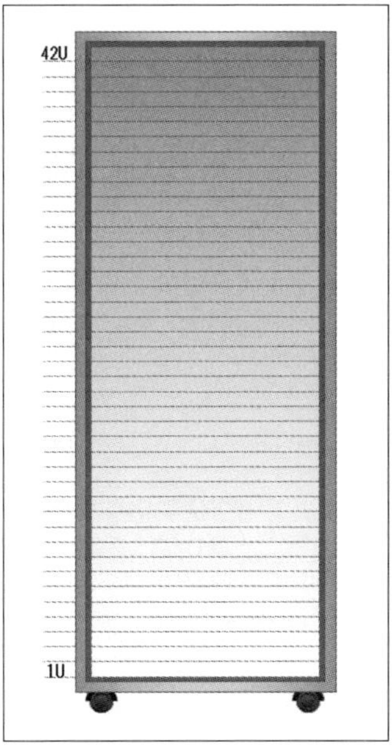

図1-3-1　「42U」のサーバラック

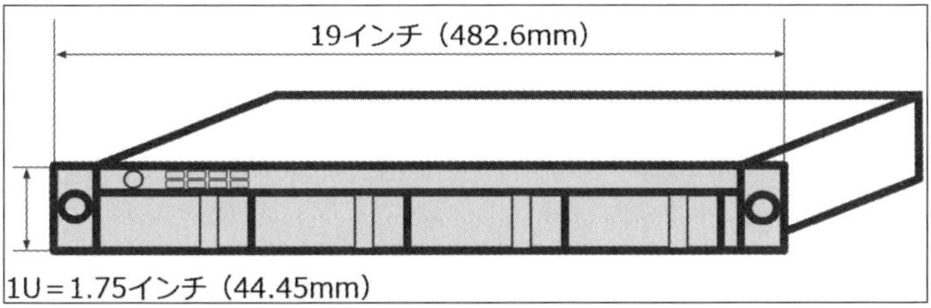

図1-3-2　EIA規格の19インチ「1U」サーバ

＊

また、ブレードサーバなどの高密度サーバの場合、たとえば8Uに15ブレード挿すことで実質的に1Uに物理サーバを一つ以上搭載することを実現する方法もあります。

すでに紹介したメインフレームや大型のストレージなどでは、1システムを1ラックどころか複数ラック分のコンピュータで構成する場合もあります。

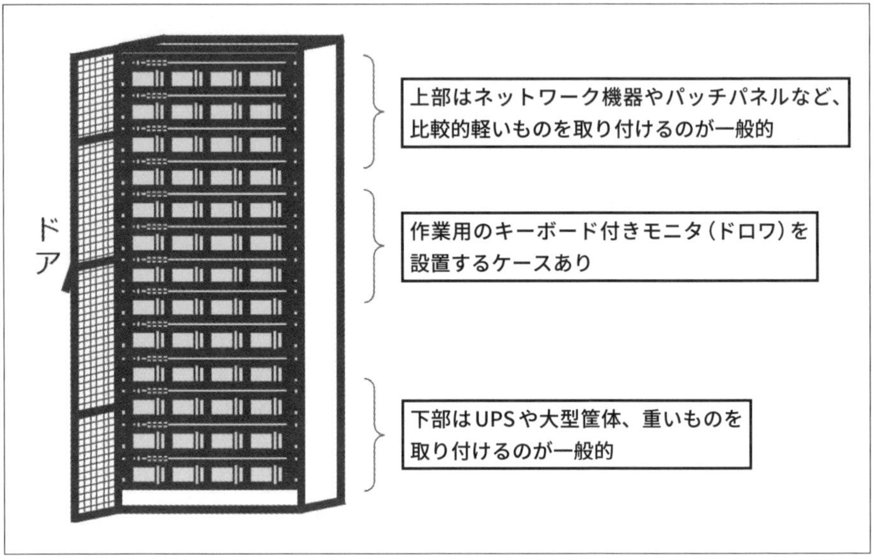

図1-3-3　サーバラックの機器設置イメージ

サーバラックの機能

サーバラックがもつ機能の一部を記載します。

表1-3-1　サーバラックの機能

サーバ収納	複数のサーバを無駄なく収納できます。 サーバはラックマウントキットを使ってラックに取り付けられます。
冷却機能	サーバラックには、冷却ファンが搭載されている場合があります。 また、一般的にサーバラックは排熱が効率的に行なわれるような設計となっています。
電源管理	サーバラックには、電源ユニットが備わっている場合があります。 ユニットによって複数のサーバに安定した電力を供給できます。
ケーブル管理	サーバラックには、ケーブルを整理するためのパーツを取り付けられます。 これによって、ラック内のケーブルが乱雑になることを防止し、作業の効率を向上させます。
防塵・防湿機能	サーバラックには、防塵・防湿機能が備わっている場合があります。 これによって、ラック内の機器を効果的に保護することができます。
セキュリティ機能	サーバラックには、鍵付きの扉が備わっている場合があります。 これによって、機器への不正アクセスを防止できます。
拡張性	サーバラックには、拡張スロットが備わっている場合があり、必要に応じて機能を追加することができます。

一般的な機器の設置方法

サーバラックはサーバを格納するものですが、闇雲に機器を突っ込むのではなく、ある程度規則性をもって格納されます。

もちろん、必ず守るべきルールではないので、格納方法は自由です。

本項では、よくある格納ポリシー例をご紹介します。

よくある格納ポリシー

- 上部にはネットワーク機器、パッチパネルなど比較的重量が軽いものを置く
- 真ん中よりやや下部には、棚やラックマウント型の「キーボードモニタ」（ドロワ※）を置く（場合がある）
- 下部にはUPSや大型サーバ、ストレージ筐体など重いものを置く

※ドロワとはノートPCのような形状で、レールによってラックに設置され、ラック内のサーバに有線接続し操作に使用します。使用時はラックから前面に引き出します。

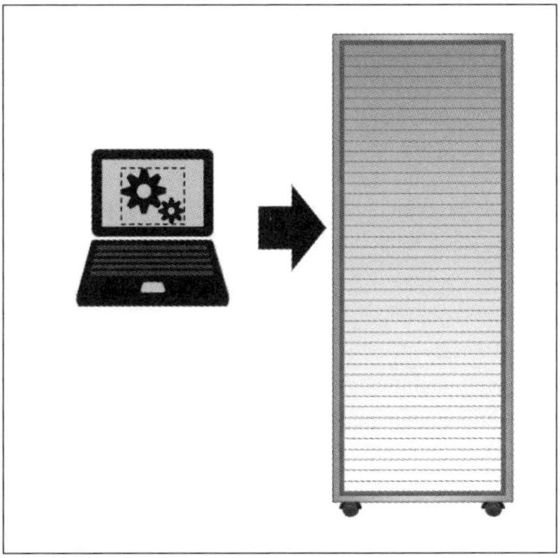

図1-3-4　キーボードモニタ（ドロワ）はラックの真ん中辺りに入れることが多い

当たり前ですが、サーバラックの上部に重くて大きい筐体のサーバやUPSを設置するのは非常に骨が折れます。サポートする治具はありますが、体力的に大変です。

システムを運用していくと、サーバラックの中のいくつかのサーバの利用が廃止になるなど、「歯抜け」の状況が発生します。

そのような場合は、サーバラックから抜いたサーバの代わりに、前面と背面に「**エアフロー**」（空気の流れ）のために「**ブランクパネル**」を設置します。

歯抜けの状況だとエアフローが悪くなり、サーバラック内に熱がこもり、最悪の場合は残ったサーバが発熱でダウンすることもあります。

サーバラックのエアフローは、基本的に前面から吸気して、背面から風とともに熱を出す設計です。

つまり、複数のサーバラックを設置する際も、サーバラックの向きなど排熱をきちんと考えておく必要があります。

当たり前ですが、サーバの背面と背面を向かい合わせにすると熱が籠るので配慮が必要です。

サーバラックのメリット、デメリット

サーバラックのメリットとデメリットを簡単にまとめます。

表1-3-2　サーバラックのメリットとデメリット

メリット	デメリット
省スペース化 複数のサーバを一箇所にまとめることができるため、スペース効率が良くなります。	**初期コスト** サーバラック本体や専用のラックマウントキットを購入する必要があるため、初期投資が必要です。
冷却効率の向上 サーバが一箇所にまとまるため、冷却システムを効率的に配置することができます。	**設置場所の制限** サーバラックを設置するためのスペースや設備が必要なため、設置場所に制限があります。
運用管理の効率化 一か所にまとめられたサーバの運用管理が容易になります。	**ノイズの問題** ラック内での騒音が問題になる場合があります。
セキュリティの向上 サーバラックは施錠されるため、セキュリティが向上します。	
スケーラビリティの向上 スペースに余裕があれば、新しいサーバを追加することでシステムを容易に拡張できます。	

サーバラックを用意せずに、サーバを無造作に机などに置いておくと、次のような問題が起きることがあります。

サーバラックを用意しない場合に起こりうる問題

・単純に邪魔
・電源の問題
・見た目のスマートさに欠ける
・冷却効率の悪化
・ケーブルがゴチャゴチャになる
・別の作業時に引っ掛けて問題が起きる
・スペースの無駄
・管理の煩雑化
・地震などの災害時に動いて壊れやすくなる
・その他

サーバラックに入れるもの(入れられるもの)

サーバラックに入れるものを列挙してみます。

ここに書いてあるもの以外でも入るのであれば当然、なんでも入れることはできます。

サーバラックに入れるもの

・サーバ(ストレージ含む)
・UPS
・ネットワーク機器
・冷却装置
・ブランクパネル(いわゆるただのカバー。エアフロー改善のため)
・キーボードモニタ(ドロワ)
・コンセントバー、PDU (Power Distribution Unit：電源の分配ユニット)
・電源ケーブル、LANケーブル、光ファイバーケーブル
・スイッチボックス(複数サーバを1つのキーボード/マウス/モニタから管理するための切り替え器)
・棚板(物を載せる用途)

インテリジェントPDU

基本的に普通のコンセントバーには電力のモニタリング機能はありませんが、PDUにはモニタリング機能があります。

PDUもいろいろな種類があり、電源供給能力しかもっていない、ほぼコンセントバーと同じもの(**ベーシックPDU**)から、LANポートや電源OFF/ONなどの機能がついているもの(**インテリジェントPDU**)までさまざまです。

インテリジェントPDUがもっていることがある機能

・電力計測機能(接続された機器の電流・電圧などを計測)
・LANポート(計測した電力情報をネットワーク経由で取得)
・電源OFF/ON機能(リモートで電源のOFF/ON)

PDUの形状

PDUの形状でよくあるのは、ラック内部に縦向きで取り付ける「**0Uバーティカル(vertical)タイプ**」と、サーバと同様にラックに横向きに取り付ける「**xUホリゾンタル(horizontal)タイプ**」です。

xUホリゾンタルタイプのPDUを設置した場合は、当然、PDUの大きさ分のU数を消費するのでサーバ設置可能数が減ります。

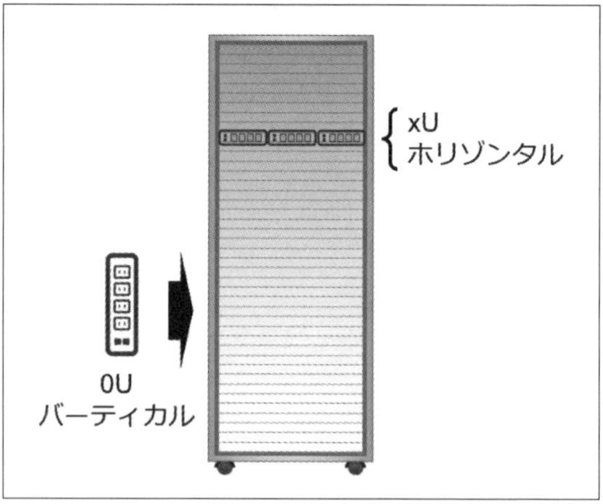

図1-3-5　サーバラックとPDUのイメージ

フロアラック

複数フロアにまたがるオフィスの場合、利便性やネットワーク速度を維持するために各階に「**フロアラック**」を設置することがあります。

フロアラックには専用の部屋が存在しないことが多いですが、サーバラックのように施錠管理され、中にはネットワーク機器や簡易的なサーバなどが入ることになります。

フロアラックは、フルサイズのサーバラックの高さではなく、腰より低いくらいの大きさのものが多いです(会社によって異なります)。

ケーブリング

世の中は無線LANが全盛ですが、基本的にサーバルーム内のネットワークは有線で接続されています。一般的に有線のほうが無線より安定しているためです。

また、当然ですが、サーバにはネットワーク用のケーブルのほかに電源のケーブルも接続されています。

＊

配線すること、機器同士を接続することを「**ケーブリング**」と呼び、「正しく、そして美しくケーブリングする能力」のことを「**ケーブリング技術**」と呼びます。

下手なケーブリング、要するにグチャグチャで美しくない配線でケーブリングされた場合、いくつかの問題が発生することがあります。

下手なケーブリングによって発生しうる問題

・事故発生率の上昇
・作業効率の低下
・物理的な破損
・セキュリティの低下
・熱問題
・作業品質を疑われる

美しいケーブリングを行なうためのヒント

筆者もケーブリングは得意ではありませんが、ある程度までは基本的なルールに従って敷設することで美しいケーブリングは行なえます。

あるレベル以上のケーブリングにはセンスやノウハウが必要となり、それ以上にいくと芸術の領域となります。

ここでは美しいケーブリングを行なうためのヒントを記載します。

美しいケーブリングのヒント

・接続するネットワークによってケーブルの色を分ける
・同じ用途のケーブルの長さを合わせる
・ケーブリング用の補助部品などを利用して配線する
・ケーブルはできるだけ短くする（光ファイバ線などは取り扱いに注意）
・設計時にケーブリングについても考慮しておく
・美しい配線をまねる（日頃から意識する）

サーバラックのミニチュア(手のひらネットワーク機器)

(株)ターリン・インターナショナルが、A10、シスコ、古河電工の製品をミニチュアサイズで再現したカプセルトイ(要するにガチャ)「**手のひらネットワーク機器**」を、2023年6月15日に発売しました(全4種類1回500円)。

図1-3-6　手のひらネットワーク機器

図1-3-7　手のひらネットワーク機器の部品でサーバラックを組み立てたところ

ただのガチャと侮るなかれ、この製品はA10ネットワークス、シスコシステムズ、古河電気工業が監修し、APCが企画・総合監修を担当したという、本格的(ガチ)な製品です。

ミニチュアとはいえよくできていて、ご存じの方もいると思いますが、発売当時は秒で売り切れてガチャ難民を生み出し、メルカリでは転売ヤーが発生していました。

ちなみに筆者もガチャ難民の一人でした。

結局、同じ年の9月26日に再販され、筆者も無事に入手することができました。

この製品で手軽にサーバラックの組み立てやLANケーブルの抜き差し、ネットワーク機器の設置などを再現して楽しめます。

現在でもメルカリなどで入手可能です。

＊

余談になりますが、別のシリーズでデスクトップPCやノートPCを含む「**手のひらPC & サプライ**」というシリーズがあり、これを手のひらネットワーク機器と組み合わせることで、データセンターで作業する技術者の風景を再現できたりします。

図1-3-8　手のひらPC＆サプライ

また、Twitter（現X）でエーピーコミュニケーションズが発表した情報によると、第二弾の発売は2024年6月予定のようで、第一弾の再販も行なわれるようです。

第2章 リモート接続

サーバの操作を行なう場合、通常、サーバルームに行ってサーバに直接接続されたマウス、キーボードを操作するようなことは（会社の規模にもよりますが）ほとんど「ありません」。

自分のコンピュータもしくは、専用の作業用コンピュータからリモートで対象サーバに接続して作業を行ないます。

本章ではさまざまなリモート操作方法について紹介します。

2-1 リモート操作とは

ここではリモート接続やリモート操作に関する基本的な情報を解説します。なぜリモート操作が必要なのか、リモートの長所と短所は何かが分かります。

リモート操作とは何か？

別の機器にリモート接続し、操作することを「**リモート操作**」と呼びます。

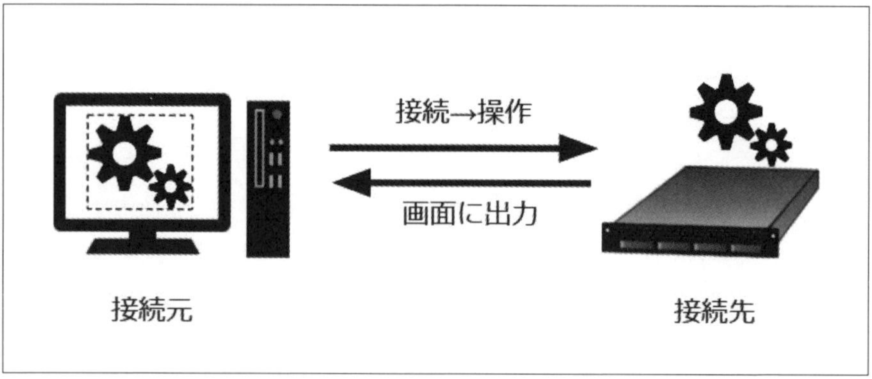

図2-1-1　リモート操作のイメージ

「別の機器に」と書きましたが、物理サーバ自身の別のインターフェイスへの接続や載っているVM（Virtual Machine）に接続することもリモート接続に含まれます。

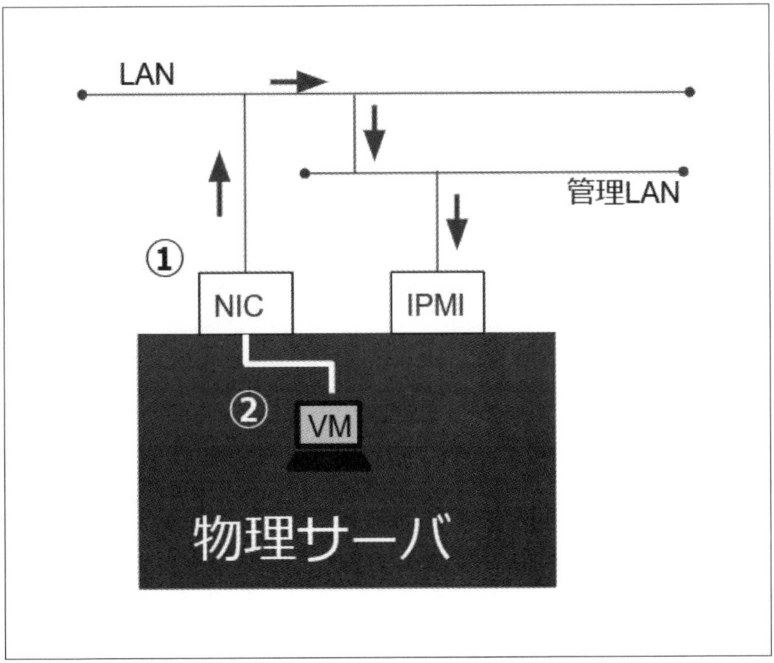

図2-1-2　①自身の別のインターフェイスへ接続する経路
②VMにリモートする経路

＊

リモート接続には距離の制限はありません。

たとえばネットワークの接続とリモート接続の設定が正しくできていれば、北極から南極のサーバにつなぐこともできます。

ただし、距離による画面応答速度や、キーボード、マウス操作の遅延はあります。

距離の制限はありませんが、この遅延によって実用にならないケースはありますし、遅延が大きすぎると接続用のプロトコルの制限に引っかかって、接続がタイムアウトして切られてしまうこともあります。

一般的なリモート接続のメリット、デメリット

リモート接続のメリットとデメリットを簡単にまとめます。

表2-1-1 リモート接続のメリットとデメリット

メリット	デメリット
時間とコストの削減 リモート操作を使用することで、現地に行く必要がなく、時間と交通費などのコストを節約できます。	**セキュリティリスク** リモート接続設定がハッキングやデータの漏洩のリスクを引き起こすことがあります。
柔軟性 リモート接続を使うことで、ユーザーは場所やデバイスに関係なく必要なときにコンピュータにアクセスできます。	**通信の不安定性** ネットワーク接続の問題や帯域幅の制限など、通信に関する問題がある場合、リモート操作のパフォーマンスが低下する可能性があります。
フレキシビリティ リモート操作は、異なるオペレーティングシステムやデバイス間の互換性の問題を解決できる場合があります。	**リソースの制限** リモート接続には、ハードウェアやソフトウェアの制限があり、高度な処理やグラフィックスの作業など、一部のタスクを実行できない場合があります。
	遅延 リモート操作は、ローカルでの作業よりも応答速度が遅い場合があります。
	トレーニングと技術の必要性 リモートアクセスの使用には、適切なトレーニングと技術が必要です。 特に、新しいユーザーにとっては、学習コストが高い場合があります。

リモート接続による注意点

リモート接続やリモート操作にはリモートならではの危険性がありますので、ここでお伝えします。

画面応答の遅延

手元のコンピュータを操作するときは、マウスの操作と画面上のカーソルが連動してタイムラグなく動きますが、リモート操作のときは、マウスを動かしても画面上のカーソルがすぐに動かないことがあります。

また動いたとしても、想定した距離を移動しないこともあります。

リモート操作をするときはリモートであることを意識して慎重にゆっくり操作を行なってください。

操作を見られる/見られている

リモート操作は、接続先コンピュータの画面で見られている場合がありますので注意してください。

たとえば、「**VNC接続**」によるリモート操作は相手側のモニタで丸見えです。

パスワードの入力は「*」で秘匿されますが、桁数は画面を見ている相手にバレてしまうことがあります。

パスワードの桁数が分かった場合、ブルートフォースアタック(総当たり攻撃)などで認証が破られるリスクがあります。

設定変更の影響でリモート接続できなくなる危険

過去に体験した事例ですが、Windowsサーバをドメインからワークグループ※に抜けたらファイアウォールが有効になったことが原因でリモート接続できなくなったことがあります。

※Windowsネットワークにおけるコンピュータのグループのこと。

別の事例では、「ローカルAdministrator」(ローカル管理者アカウント)を無効にした状態でドメインからワークグループに抜けたら、リモート接続に使えるアカウントがなくてリモート接続できなくなったというケースもあります。

このようなケースではドメインから抜ける前に、Admin権限をもったユーザーアカウントを事前に作っておくなどの対策で回避できます。

リモートサーバに接続できなくなった場合の想定

作業ミスや考慮漏れで、「**リモートサーバに接続できなくなる**」という事故が発生することがあります。

ドメイン参加や、ドメイン離脱、再起動後のプログラムの自動起動設定など、作業前に注意しましょう。

最悪の場合、自分自身がデータセンターに駆けつけて直接設定を行なう羽目になるケースも考えられます(実際にあります)。

間違ったサーバを操作してしまう

どの現場でもわりと発生する障害ですが、「**想定しているサーバと異なるサーバの設定を変えてしまう**」という事故があります。

複数ウィンドウを開いて作業を行なっていると、自分が今どのサーバに対して作業しているのかを見失ってしまうことが熟練の技術者でも起きるものです。
そのような取り違いを防ぐために、無駄なウィンドウは閉じたり、ウィンドウ内の色を変えたり、壁紙にホスト名を表示するなどして工夫をしてみてください。

キーボード入力がおかしい

接続元とリモート接続先のキーボードレイアウトの違いで、「**手元のキーを押しても別のキーがリモート接続先で入力される**」ことがあります。
そのような場合は、キーボードレイアウトを変更するか、手元のキーを試してみて、どのキーがどのキーに対応するか法則を確認するといいでしょう。

コピペができるのであれば、積極的に活用することで目的を達成できる場合があります。
また、「**ソフトウェアキーボード**」を利用することで、入力が難しいキーを入力することもできます。

リモート接続先の画面表示が小さい

解像度の設定によって、「**リモート接続先の画面表示が小さい**」という場合もあります。
対処法としては、リモート接続先の解像度を変える、リモート接続設定を変えるなどの方法があります。

文字化け

接続元とリモート接続先の文字コードの差異によって「**文字化け**」することがあります。そのような場合は文字コードを変えてみてください。

2-2
リモート接続ツール

ここでは、よく利用される「**リモート接続ツール**」についてご紹介します。

特に**リモートデスクトップ**、**SSH**、**VNCについては、どの現場でも使われるもの**なので、インフラ技術者を目指している方は、仕組みを理解し使い方をマスターしてください。

リモートデスクトップ（mstsc.exe）

Windowsのリモート操作といえば、「**リモートデスクトップ**」（mstsc.exe）があまりにも有名です。

その名称の通り、リモート（遠隔）でコンピュータのデスクトップに接続するMicrosoft製ツールとなります。

実行ファイルは"C:¥Windows¥System32¥mstsc.exe"にあります。

標準でインストールされているのが嬉しいですね。

＊

リモートデスクトップは、対象サーバに接続し、まるで対象サーバが手元に来たかのような印象を受けますが、**実際には画面データが手元のモニタに表示されているだけで、操作をすることによる処理は接続先サーバ側の中で行なわれています。**

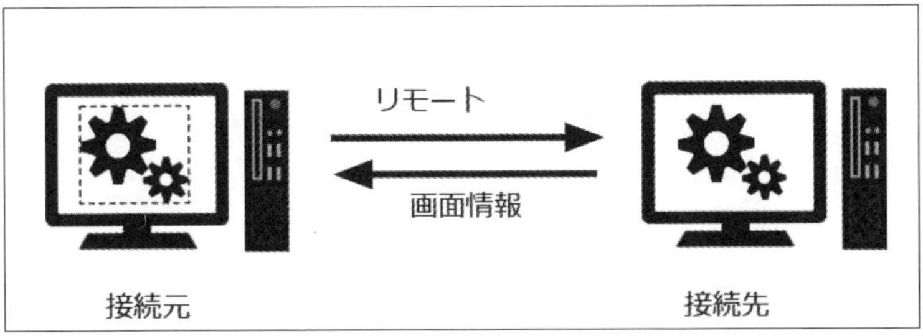

図2-2-1　実際の処理はリモート接続先のコンピュータで動作している

接続する側

Windowsでは、[Windows]キーを押しながら[R]キーを押すと、「ファイル名を指定して実行」するウィンドウを開くことができ、ここからプログラムを簡単に起動させることができます。

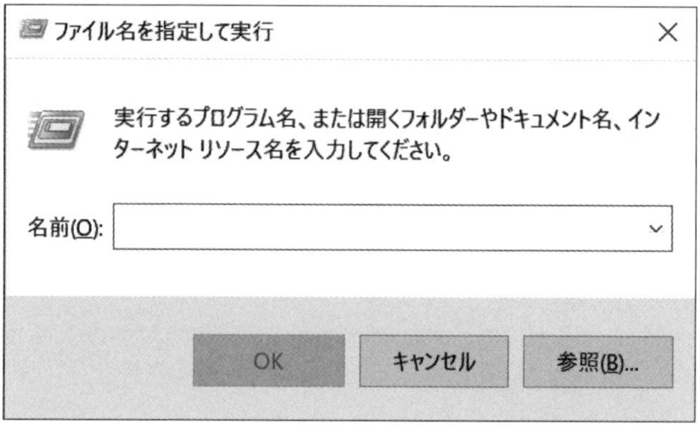

図2-2-2　[Windows]キー＋[R]キーで「ファイル名を指定して実行」

ここで「mstsc」と入力し、[Enter]キーを押すか、もしくはOKボタンをクリックすることで「**リモートデスクトップ接続**」を開くことができます。

図2-2-3　リモートデスクトップの接続ダイアログ

コンピュータの欄に接続先の「ホスト名」や「IPアドレス」「FQDN」「ホスト名:PortNo」「ドメイン名¥ホスト名」「ホスト名@ドメイン名」などを入力することによって、相手に接続します。

リモートデスクトップが成功すると、接続先のデスクトップが、現在使っているコンピュータの画面に表示されます。

繰り返しになりますが、リモート画面は画像が送られてきているだけで、プログラムやマウス操作などは接続先の環境内で動作していることに注意が必要です。

*

また、リモートデスクトップ接続とは直接関係はありませんが、「ファイル名を指定して実行」から「**コマンドプロンプト**」を起動する方法はインフラ技術者であれば知っていて当たり前の操作なので覚えておいてください。

コマンドプロンプトを起動するには、「cmd」と入力し[Enter]キーを押します。

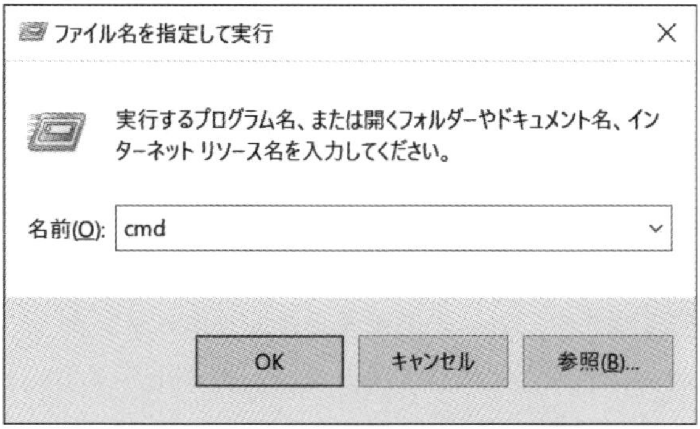

図2-2-4　コマンドプロンプトを起動する例

「ファイル名を指定して実行」のほかにも、エクスプローラで「mstsc」と入力することでも、リモートデスクトップ接続を起動できます。

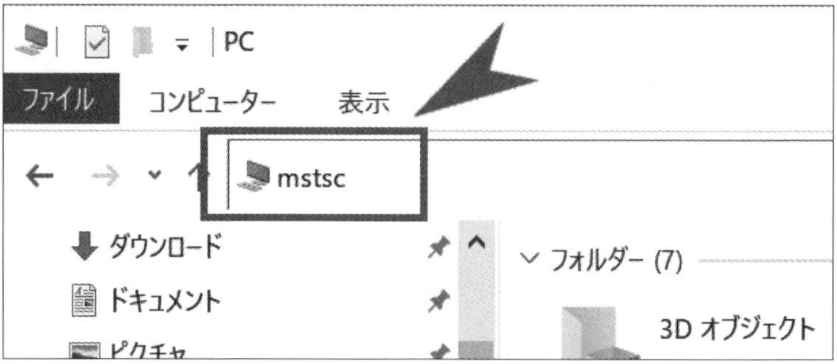

図2-2-5　エクスプローラの窓から起動

ほかには、コマンドプロンプトからも簡単にプログラムを起動することができます。

図2-2-6　コマンドプロンプトから起動

＊

ちなみに特定のパッケージをLinuxに導入することで、WindowsからLinuxサーバに対してリモートデスクトップ接続することもできますが、筆者は現場ではそのような環境で使っているのを見たことがありません。

WindowsからLinux端末に接続するときは、基本的にSSH（後述）で接続します。

また、リモートデスクトップには大きな弱点があり、接続できるユーザー数（セッション数）に上限があります。

そのため、多数の技術者が同時に同一のコンピュータに対してリモート接続しようとしてもエラーが出て接続できません。

接続される側

接続される側の設定は先ほどと同様に、[Windows] キーを押しながら [R] キーを押して「ファイル名を指定して実行」を開き、「sysdm.cpl」を入力して [Enter] キーで開きます。

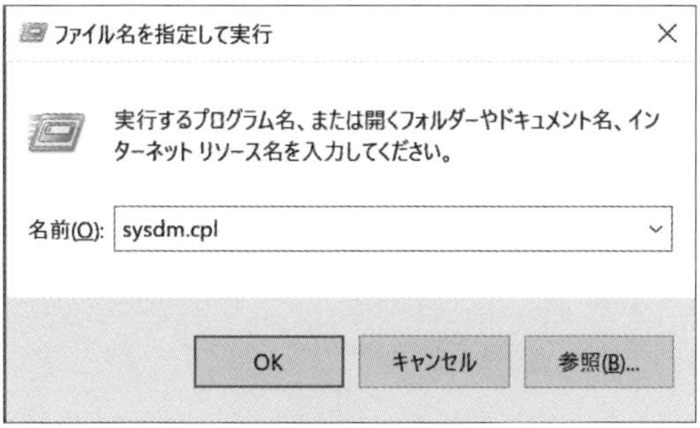

図2-2-7　システムのプロパティを開く

リモートタブに設定項目があるので、気になる方は設定してみてください。ファイアウォールの穴あけが必要な場合もあります。

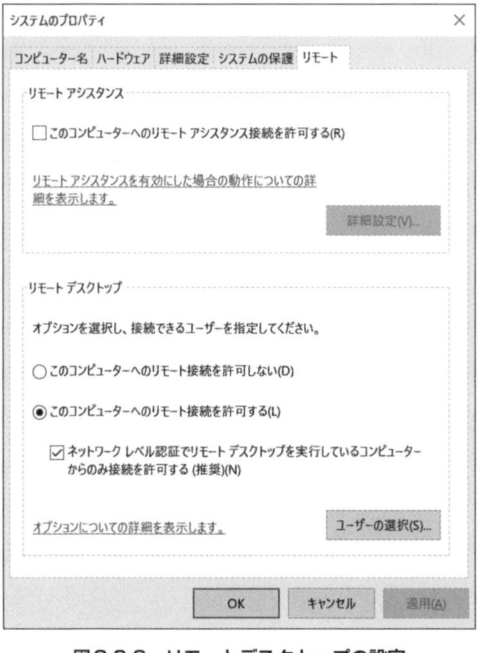

図2-2-8　リモートデスクトップの設定

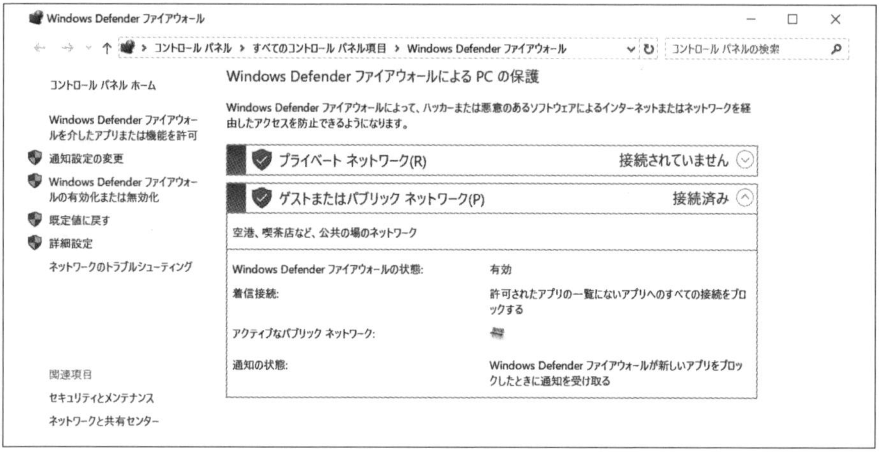

図2-2-9 firewall.cplでファイアウォールの設定画面を表示

SSH(Secure Shell：セキュアシェル)

「**SSH**」とはSecure Shellの略で、リモートデスクトップと同様にリモートコンピュータに接続できます。

一般的にLinux/UNIX系サーバを管理する場合、リモート接続にはSSHが使われます。

当然ですが、リモートデスクトップと同様に、サーバ側(接続される側)で接続を許可する設定をしていない場合は接続できません。

また、セキュアの名を冠するだけあり、さまざまなセキュリティ設定を利用することができます。

接続する側

SSHクライアントソフト(PuTTYやTera Termなど)を使い、サーバに接続します。

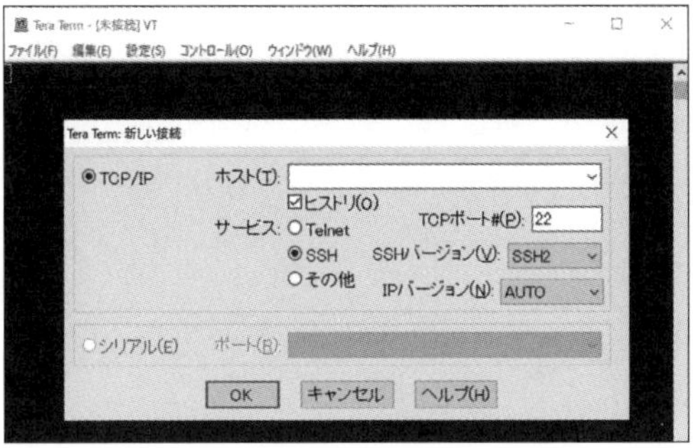

図2-2-10　Teratermの接続先指定画面

接続される側

接続される側の設定はいくつかありますが、ここでは基本的な確認点を記載します。

・sshdサービスが起動していること

```
# ps -ef | grep sshd
```

・sshdで必要な設定がなされていること

```
# view /etc/ssh/sshd_config
```

・ファイアウォールで必要なポートが開いていること

```
# firewall-cmd --list-all-zones
```

PuTTY

「**Teraterm**」はクライアントターミナルソフトとして有名ですが、同じくらい有名なソフトに「**PuTTY**」があります。

PuTTYもTeratermと同様に、SSHなどでリモートサーバに接続します。

現場によってTeratermとPuTTYのどちらかだけが用意されている場合があるので、起動方法と単純なリモートサーバへの接続手順は両方ともマスターしておくと役に立ちます。

接続する側

SSHクライアントソフトのPuTTYを起動して接続します。

図2-2-11　PuTTYの接続先指定画面

接続される側

SSHの接続される側の設定と似ているので省略します。

環境によっては、鍵の登録などさらに設定が必要な場合があります。

VNC接続

「**VNC**」はVirtual Network Computingの略で、リモート接続される側にはVNC Server《サーバ》を設定し、リモート接続する側ではVNC Client《クライアント》（またはViewer《ビューア》などと呼ばれる）を使います。

設定次第ですが、1対1の接続なので新しい接続者が来ると自分の接続は切られます。

接続する側

接続する側の設定は、VNC Client（VNC Viewer）ソフトを起動して接続先を指定するだけです。

画像はUltraVNCですが、さまざまなVNC Clientがあるのでいろいろ試してみてください。

接続時は「ホスト名」「IPアドレス」「FQDN」「IPアドレス＋ポート番号」などリモートデスクトップ接続と同様にさまざまな指定ができます。

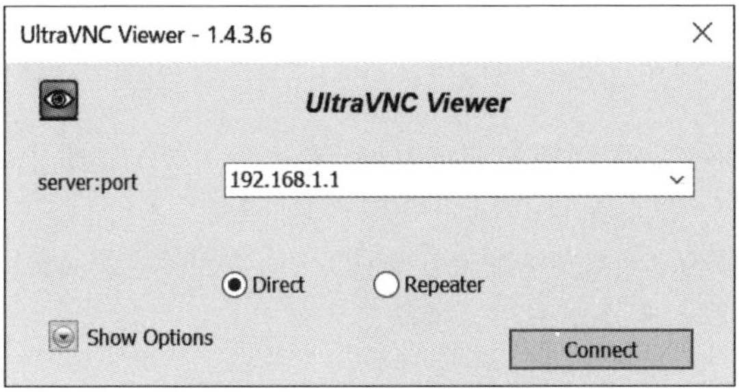

図2-2-12　UltraVNC Viewer

接続される側

接続される側の設定は、VNC Serverが動作している必要があります。

VNC ServerもClient同様にいろいろなソフトがあります。

- VNC Serverが動作していること
- VNC Serverの設定が正しくなされていること
- ファイアウォールで接続に必要なポートが開いていること

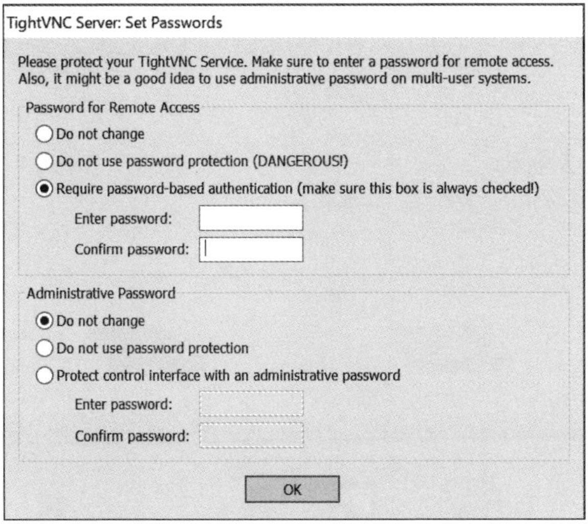

図2-2-13　VNC Serverのパスワード設定画面例

エクスプローラ(RPC：Remote Procedure Call)の利用

Windowsでは「**C$**」のような共有を「**管理共有**」と呼び、エクスプローラから相手を指定することで相手のCドライブを見たり操作したりできます。

「**ドライブレター**※」の指定を変えれば、Dドライブやその他のドライブにも接続できます。

無条件に接続することはできませんが(ID/PWなど認証が必要)、ID/PWを知っていれば相当便利に相手サーバに接続できます。

逆に便利過ぎるがゆえにセキュリティリスクになりやすいです。

また、管理共有が無効になっている場合も接続できません。

> ※PCのドライブを識別するために付けるアルファベット。CドライブのCやDドライブのDなど

＊

一点、気をつけたいのは、たとえばサーバAとサーバBのフォルダをエクスプローラで表示し、AからBにファイルをコピーする場合、操作主体である自分自身のコンピュータを経由してコピーされます。

そのため、サーバAからサーバBに直接コピーするよりコピー速度が遅くなります。

そのような場合は、リモートデスクトップやSSHなど別の手段を使って直接サーバAからサーバBにコピーを行ないましょう。

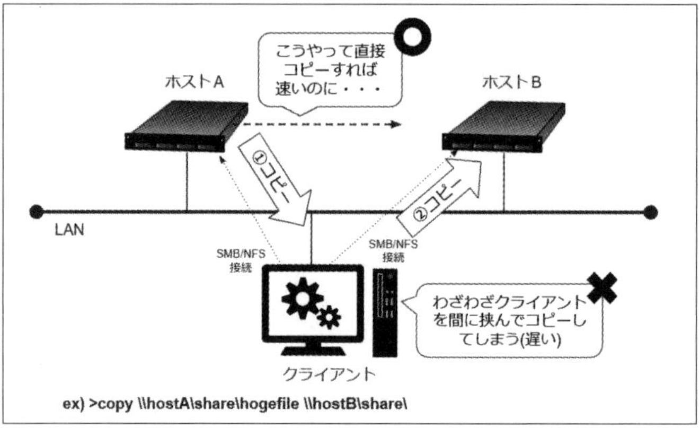

図2-2-14　よくあるコピーが遅い原因

接続する側

[Windows]キー＋[R]キーの「ファイル名を指定して実行」から接続できます。

ほかにも、「エクスプローラのアドレスバー」に接続先を入力することで接続できます。

さらに、「ネットワークドライブ」を接続することでリモートのフォルダを開くことができます。

下記は接続させる場合の例です。

```
C:¥> net use W: ¥¥127.0.0.1¥c$¥temp
```

図2-2-15　適当にネットワークドライブで自分自身を接続してみた例

接続される側

接続される側の設定は、

・アクセス権が想定通り設定されていること
・共有を有効にしていること
・接続に必要なポートが開かれていること（ファイアウォールで塞がれていないこと）

が要件となります。

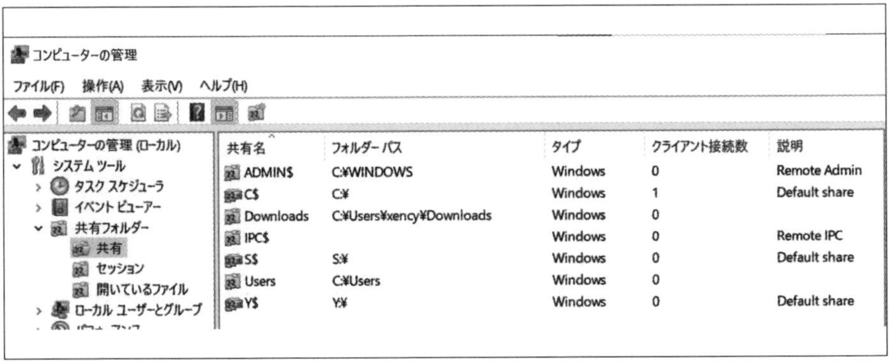

図2-2-16　コンピュータの管理(compmgmt.msc)の画面例

PowerShellによるリモート接続

「WinRM」(Windows Remote Management)の仕組みを使って相手に接続します。

PowerShellでリモート実行するには、相手側でWinRMが有効になっていたり、接続するこちら側でもWinRMを有効にしたりなど、実際に実行するまでの敷居が若干高いです。

また、企業によってはセキュリティポリシーで利用できない環境となっている場合があります。

接続する側

接続する側の設定例を記載します。

リスト2-2-1　接続する側の設定例

```
# WinRMを起動する　※ネットワークの種類がPublicの場合、起動できない
PS C:¥> Enable-PSRemoting

# リモートアクセス1　※対話型認証
PS C:¥> Enter-PSSession -ComputerName IPアドレスorホスト名
-Credential ドメイン名¥ユーザー名

# リモートアクセス2　※非対話型認証
PS C:¥> $password = ConvertTo-SecureString “パスワード”
-AsPlainText -Force
PS C:¥> $cred = New-Object System.Management.Automation.
PSCredential
(“ドメイン名¥ユーザー名”, $password)
PS C:¥> $remoteHost = “IPアドレスorホスト名”
PS C:¥> Enter-PSSession -ComputerName $remoteHost
-Credential $cred

# セッション切断
[IPアドレスorホスト名]: PS C:¥> Exit-PSSession
```

接続される側

接続される側の設定例を記載します。

リスト2-2-2　接続される側の設定例

```
# エンコーディングをUTF-8に変更する
PS C:¥> $OutputEncoding = New-Object System.Text.
UTF8Encoding

# WinRMを起動する　※ネットワークの種類がPublicの場合、起動できない
PS C:¥> Enable-PSRemoting

# 接続先ホストの追加
PS C:¥> Set-Item WSMan:¥localhost¥Client¥TrustedHosts
-Value IPアドレス

# 信頼ホストリストの確認
PS C:¥> Get-Item WSMan:¥localhost¥client¥trustedhosts
```

Linuxからの接続を許可する例は以下です（DefaultPort:80または5985または5986）。

なお、WinRMは有効化している前提です。

リスト2-2-3　接続される側の設定例（Linux用）

```
# 現在の設定の表示
PS C:¥> winrm get winrm/config/service

# BASIC認証の許可
PS C:¥> winrm set winrm/config/service/auth '@
{Basic="true"}'

# 平文の許可
PS C:¥> winrm set winrm/config/service '@
{AllowUnencrypted="true"}'
```

VBScript (WMI)

「VBScript」によって相手のWMIにリモート接続することができます。

個人的にはVBScriptは手軽に書けて便利と思っていますが、VBScript自体がこれから消えゆく技術となり、また、処理ごとにスクリプトを書かないといけないことから、普通の人にとっては若干敷居が高いです。

また、これは相手がWindowsの場合のみ使える接続方法です。

接続する側

接続する側のスクリプト(リモートサーバの情報を取得する)例です。

メモ帳でコードを書いて拡張子「.vbs」で保存するだけでスクリプトを実行する準備が整います。

リスト2-2-4 接続する側のスクリプト例

```
strComputer = “リモートサーバ名”
Set objWMIService = GetObject("winmgmts:{impersonationLev
el=
  impersonate}!¥¥” & strComputer & “¥root¥cimv2”)

Set colItems = objWMIService.ExecQuery("Select *
  from Win32_OperatingSystem”)

For Each objItem in colItems
    Wscript.Echo “コンピューター名: “ & objItem.CSName
    Wscript.Echo “オペレーティングシステム: “ & objItem.Caption
    Wscript.Echo “バージョン: “ & objItem.Version
Next
```

接続される側

WMIの接続を許可するにはいくつかの設定が必要です。

最初にWindowsのファイアウォールを開放しなければなりません。

リスト2-2-5 接続される側の設定例

```
# ファイアウォールの例: WMI用のポートを開放
New-NetFirewallRule -DisplayName "Allow_WMI" -Direction
Inbound -LocalPort 135,137,138,139,445 -Protocol TCP
-Action Allow
```

次に、WMIの「リモートの有効化」が必要です。

詳細は省略しますが、「コンピュータの管理」を開き、「WMIコントロールのプロパティ→セキュリティタブ→Root¥CIMV2のセキュリティ」で、必要なアカウントに「リモートの有効化」を許可します。

基本的にデフォルトで権限が付いているAdministratorsグループのアカウントを利用してリモート接続するのがいいでしょう。

コマンドプロンプト(コマンド)によるリモート実行

リモート接続とは若干主旨が異なりますが、Windowsのコマンドプロンプトでは、「**リモートコンピュータ**」を指定できるオプションをもつコマンドがあります。

たとえば、「**タスクスケジューラ**」を操作するコマンドは「schtasks」ですが、「/S」オプションを利用することで、リモートコンピュータのタスクスケジューラを操作できます。

相手のタスクスケジュール一覧を表示するコマンド例を紹介します。

```
C:¥> schtasks /query /S ServerA
```

*

コマンドプロンプトを用いたリモート実行の場合は、利用したいコマンドにリモートコンピュータを指定するオプションがなければ、リモートコンピュータに対して処理を実行できません。

ただし、裏技的な方法になりますが、エクスプローラ越しなどで相手サーバに実行ファイルやバッチファイルを置いて、それを相手サーバ自身が実行するようなタスクスケジュールを作ってリモートでタスクをキック(実行)してやれば、対話的なコマンド以外はすべてリモート実行できてしまいます(くれぐれも悪用しないように)。

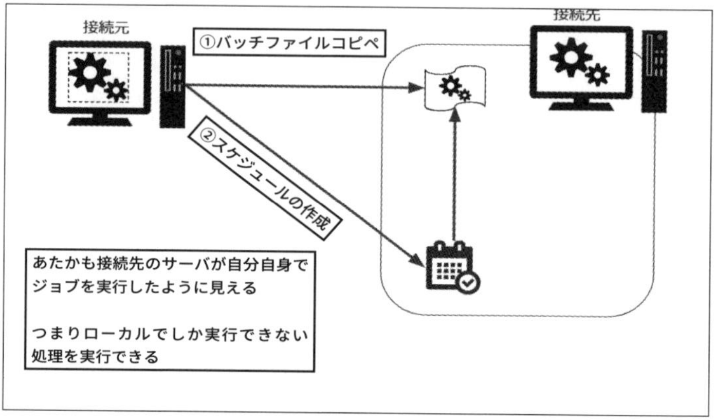

図2-2-17　裏技的なリモート実行

Chromeリモートデスクトップ

接続する側/される側の両方がインターネットに接続されていることが前提となりますが、Chromeの機能の一つである、**「Chromeリモートデスクトップ」**を利用することによって、リモート操作が可能です。

インターネットに接続してさえいれば(Googleアカウントでログインできていれば)簡単にインターネットの先にあるコンピュータに接続できるのはとても便利で魅力的です。

Chromeリモートデスクトップ **https://remotedesktop.google.com/access/?hl=ja**

接続する側

上記のChromeリモートデスクトップ用のアドレスをブラウザで開き、接続先のコンピュータを選択して、あらかじめ設定したPINコードを入力するだけです。(図中の「MOTHER」や「GPD P2 MAX」は筆者の環境のホスト名です)

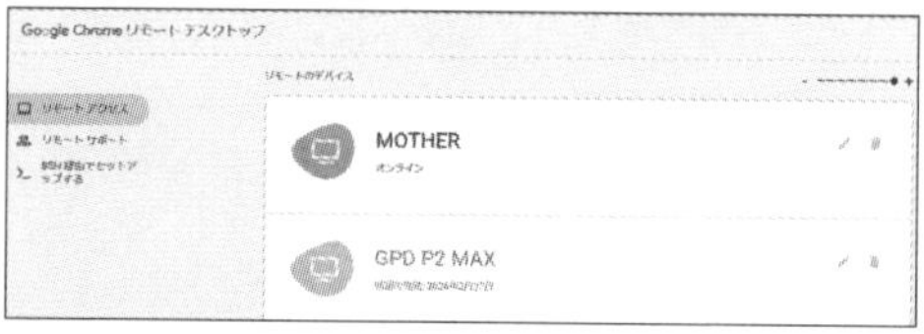

図2-2-18　Chromeリモートデスクトップの接続先選択画面

図2-2-19　事前に設定したPINコードを入力

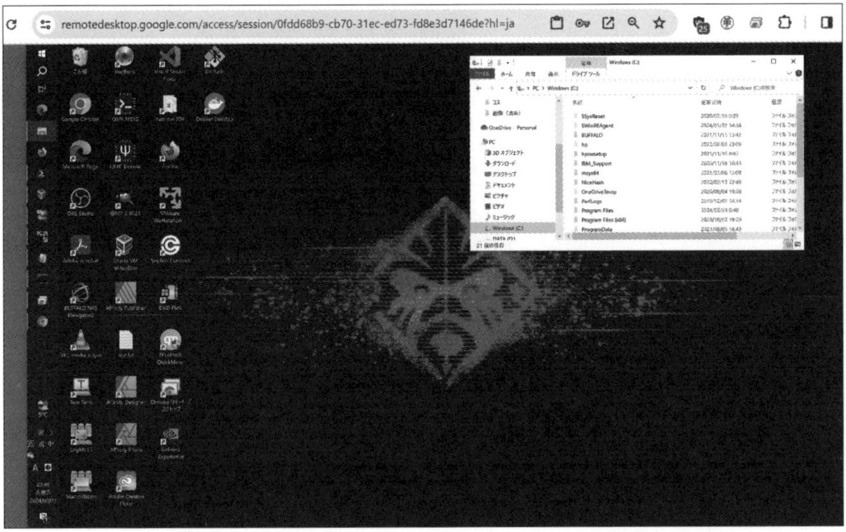

図2-2-20　ブラウザでChromeリモートデスクトップを開いた画面例

＊

接続を切断する場合は単純にタブを閉じるだけです。
もしくは隠れているオプションからも切断できます。

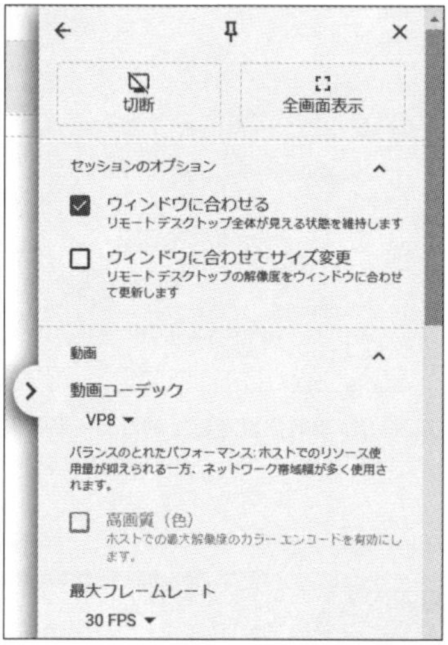

図2-2-21　画面右端をクリックすると、いくつかオプションが出てきます。

接続される側

接続される側の設定も簡単で、Chromeリモートデスクトップのページをブラウザで開き、PINコードを設定するだけです。

図2-2-22　PINの設定画面

IPMIによるリモート接続

「IPMI」とはIntelligent Platform Management Interfaceの略で、具体的に言うと、物理サーバのマザーボードにくっついている管理に特化した、ごく小さいコンピュータチップのことです。

IPMIを利用することで、OSがハングしている状態でも画面を表示させたり、物理サーバのOSが停止していてもリモートで電源を入れたり、強制的にリブートさせたりといったことができます。

図2-2-23　通常のNICとは別の場所にあるIPMI用のNIC

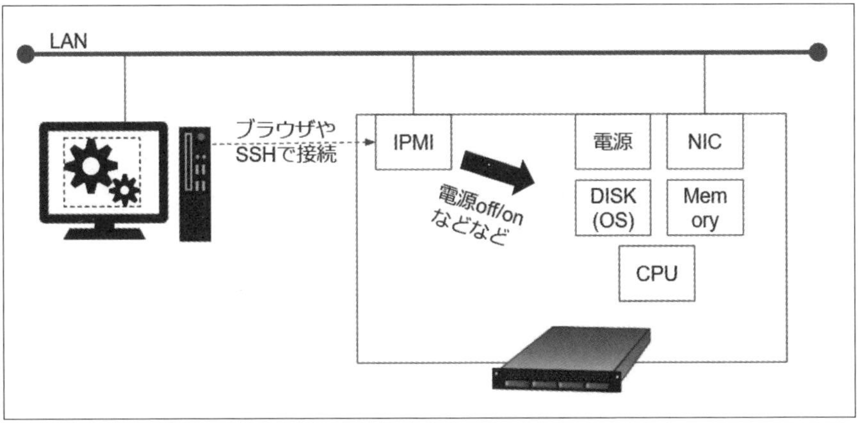

図2-2-24　IPMIによるリモート接続のイメージ

IPMIにはWebブラウザで管理画面にアクセスして操作するGUI的な方法も

ありますし、SSHで接続してコマンドを実行するCUI的な操作の方法もあります。

基本的に、サーバ用途の汎用機器にはIPMIがついているので積極的に活用しましょう。

IPMIはメーカーによって異なる名称で呼ばれているので混乱しがちです。

たとえばDELL製品ではIPMIのことを「**iDRAC**」と呼んでいます。

また、各サーバのiDRACを管理する「**OME**」(OpenManage Enterprise)というサーバも存在します。

OMEについても、iDRAC同様にDELL社での名称なので、Lenovoでは「**LXCA**」といったように他社の場合は別の名称で呼ばれています。

また画面や機能や操作はメーカーにより異なります。

表2-2-1　メーカーとIPMI名称

メーカー	IPMIの名称
DELL	iDRAC(Integrated Dell Remote Access Controller)
HP	iLO(HPE Integrated Lights Out)
Lenovo	LXC(Lenovo XClarity) ※旧IMM2(Integrated Management Module II)
Huawei	iBMC
Intel	BMC
Supermicro	BMC
Quanta	QCT(Quanta Cloud Technology)

＊

IPMIはストレージにも搭載されていることがあります。

サーバのときと同様に、製品ごとにさまざまな名称があります。

IPMIでできること、分かること

- OS状態の確認と操作(OSがハングしていても確認可能)
- 電源オン/オフ(OSが起動していない状態でも可能)
- ハードウェアの状態確認(OSが起動していない状態でも可能)
- 異常時のメールやアラート通知(snmp)
- 製品型番やシリアルナンバーの確認
- 他多数

接続する側

IPMIによるリモート接続を実現している技術はメーカーによって異なります。

まずはIPMIに接続してログインしなければならないので、IPMIのIPアドレスが必要です。

分からない場合は、その機械のBIOSでIPアドレスを調べることができます。

また、BIOSを開かなくても、ipmitoolなどがインストールされていれば、コマンドを実行することでIPMIのIPアドレスを把握できることがあります(下記はLinuxの場合の例)。

```
# ipmitool lan print
```

*

IPアドレスが分かったら、ブラウザもしくはSSHなどで接続し、リモート接続を開始します。

過去のリモート接続はJavaやActiveXで実現されていたので、接続する側でアプリのインストールが必要な場合がありましたが、最近のリモート接続はHTML5で実行されているケースが多いので、特にアプリのインストールは不要なケースが多いです。

ブラウザの種類や設定によっては、画面表示が正しく行なえなかったり、ログインできなかったりするケースがあるので、通常使っているブラウザで開けないページがあれば別のブラウザや別の設定で試してみてください。

下記の画面はHPE社のIPMIの画面です。

バージョンがilo4なので古いですが、参考のために載せます。

なお、2024年2月時点の最新のバージョンはilo6です。

画面を見て分かる通り、さまざまな機能をもち、マウス操作で比較的簡単に分かりやすくコンピュータの状態を確認したり電源オン/オフなどの命令を実行させたりすることができます。

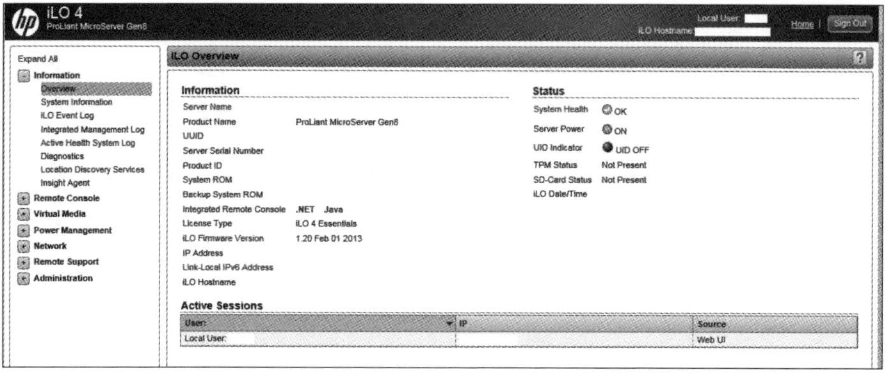

図2-2-25　IPMIにブラウザで接続した場合の画面例

接続される側

IPMIによるリモート接続は、IPMIの設定で許可されている必要があります。

IPMIはメーカーによって画面や設定方法が大きく変わるので、メーカーのマニュアルを熟読して利用してください。

基本的にIPアドレスやS/M、D/Gの設定がなされている必要があります。

HyperVisorからVMに接続

リモート操作とは若干主旨が異なりますが、HyperVisorからVM（Virtual Machine）のコンソールに接続できます。

例

・ESXi,GUI：vSphereWebClientから対象VMの画面を開きリモート操作

・KVM,CUI：物理サーバからVMのコンソールに接続

```
# virsh console VMのドメイン名
```

・OpenStack,GUI：Horizonから VMに接続（画面を表示）

・Xen,CUI：物理サーバからVMに接続（アタッチ）※デタッチはCtrl＋"]"

```
# xm console VM名
```

Zoomからリモートコントロール

若干方向性は異なりますが、「Zoom」を利用することでミーティング中の相手のコンピュータをリモート操作することができます。

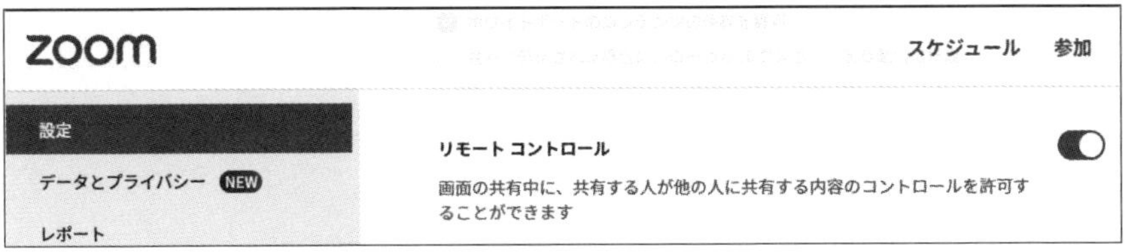

図2-2-26　設定画面のリモートコントロール

具体的な操作についてはここでは省きますが、画面共有をしてから、リモートコントロールをされる側、する側のどちらからでもリクエストを送れます。

Microsoft Teamsでリモートコントロール

「Microsoft Teams」もZoom同様にミーティングツールとなりますが、リモートコントロール機能についてもZoomと同様に存在します。

管理サーバからのリモート処理

サーバソフトウェアには、ほかのコンピュータにリモート処理させる機能をもつものが多数存在します。

たとえば、アンチウイルス管理サーバではアンチウイルスソフトをインストールしたリモートコンピュータに対してアップデート処理をリモート実行したり、OS再起動を行なわせたりするなどの機能を持っていることが多いです。

「接続する側の設定」「接続される側の設定」は製品によって千差万別となります。

システム管理者として特に気にするべき点は、リモート処理させる対象のコンピュータでAgent《エージェント》ソフトのインストールが必要か否かです。

WinSCPによるファイルのやり取り

リモートコントロールではなくファイルのやり取りに限定されますが、リモートコンピュータとのやり取りにWinSCPが利用されることが多いのでご紹介します。

「**WinSCP**」とは、FTPやSCP（Secure Copy Protocol）に対応した、Windowsで動作するオープンソースのクライアントプログラムです。

Linuxでは「**Wine**」を、Macでは「**EasyWine**」を利用することでWinSCPを使える可能性があります。

接続する側

WinSCPはWindows用のプログラムなので、接続する側はWindowsOSである必要があります。

WinSCPをダウンロードして、インストールすると準備完了です。

WinSCPを起動したら、接続先のコンピュータの「IPアドレス」や「ホスト名」や「アカウント情報」を入力し「ログイン」をクリックします。

WinSCPは高度な機能やセキュリティ設定があるので、興味がある方はより深く調べてみてください。

スクリプトやTeratermマクロと連携した自動化にも対応しています。

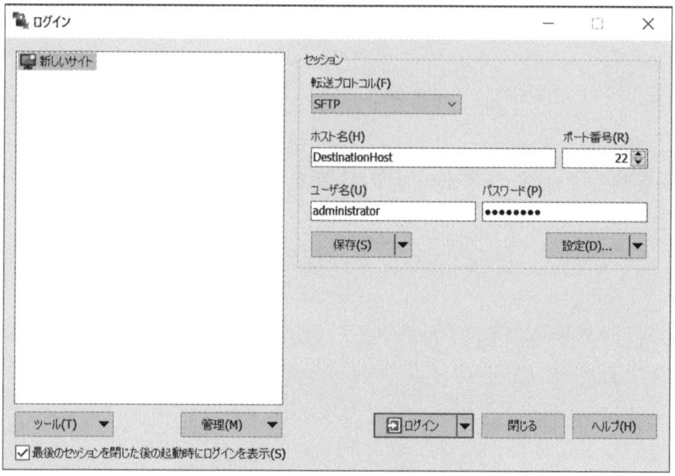

図2-2-27　WinSCPの接続時の画面

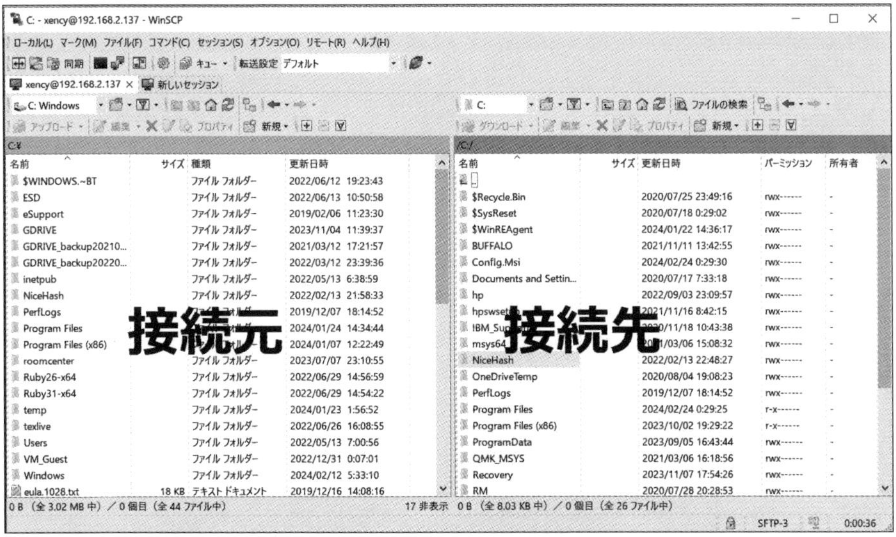

図2-2-28　WinSCPで相手に接続している画面(Windows to Windows)

接続される側

接続される側では、接続する側が利用するプロトコルが有効になっている必要があります。

たとえば、FTP、FTPS、SFTP、SCPなどです。

また、ファイアウォールで該当するプロトコルに対応するポートが許可されている必要があります(FTP：20/21、SFTP/SCP：22)。

接続時に利用されるアカウントが有効であることも必要です。

接続される側がWindowsの場合の具体的な設定

・OpenSSHのインストール(インストールしない場合は実行ファイルのサービス化)

・ファイアウォールの無効化もしくは穴あけ

サーバやストレージなど機器のリモート保守

一部のストレージ製品では、承認することによって自動でアラートを保守ベンダーに連携したり、保守ベンダー側からリモート保守できたりするような仕組みが組み込まれているものがあります。

実態としてはストレージの機能というよりプロキシのような機能です。

たとえば、デル・テクノロジーズ社の製品で「**SCG**」(Secure Connect Gateway)というものがあります。

これらの製品はデルに限らず存在し、名称が変わることがあります。

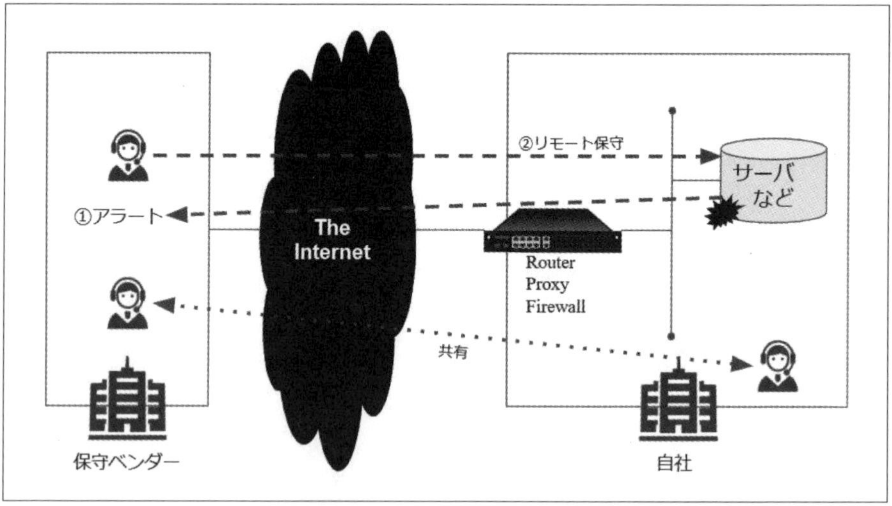

図2-2-29　リモート保守のイメージ

その他のリモート接続方法

世の中にはさまざまなツールやサービスが存在します。

一般的ではない有料ツールやサービスなどでリモート接続機能をもったものも多数存在しています。

2-3
よく使うリモート接続方法(Windows,Linux,Mac)

ここまでで、さまざまなリモート接続の方法について記載してきました。

本節では、それらのリモート接続をどのタイミングでどの方法を利用するか記載していきたいと思います。

WindowsからWindowsに接続

すでに説明した大半のリモート接続ツールでWindows機からWindows機に接続することができます。

接続方法例

・リモートデスクトップ
・SSH
・VNC
・エクスプローラ
・PowerShell
・VBScript(WMI)
・Hypervisor経由での接続
・コマンドプロンプト(コマンド)によるリモート実行
・Chromeリモートデスクトップ
・IPMIによるリモート接続
・Zoomからリモートコントロール
・管理サーバからのリモート処理
・WinSCPによるファイルのやり取り

WindowsからLinuxに接続

Windows機からLinux機に接続する際は、基本的にSSHを利用します。

接続方法例

・SSH
・VNC
・IPMIによるリモート接続
・WinSCPによるファイルのやり取り
・Hypervisor経由での接続

WindowsからMacに接続

Windows機からMac機に接続する際は、VNC（画面共有）を利用することが多いようです。

接続する側

VNC接続なので、VNC Viewerをインターネットで入手し起動します。

接続時には有効なIDとPASSWORDが必要です。

ちなみにMacのIPアドレスを調べるには設定画面でも分かりますが、ターミナルでifconfigを打つのが早いです。

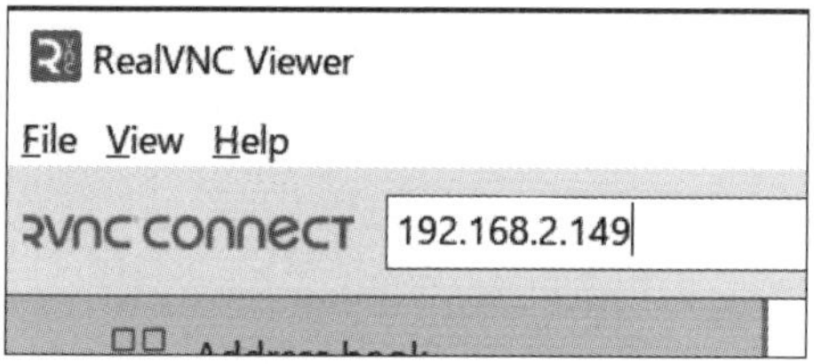

図2-3-1　VNC viewerで接続先を指定した例

図2-3-2　MACにリモート接続した画面例

接続される側

Macの画面共有を有効化するには、「左上のアップルメニュー→システム設定→左ペインで一般→共有→画面共有」をONにします。

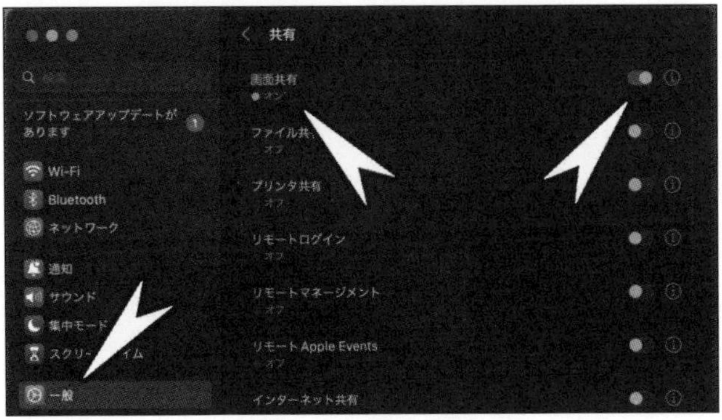

図2-3-3　画面共有の設定

接続方法例

- VNC（画面共有）
- SSH（設定画面でリモートログインを有効にすればいい）
- Chromeリモートデスクトップ

Windows から Unix に接続

Windows から Linux に接続する場合と同様に、SSH を使うのが一般的です。

接続方法例

- SSH
- VNC
- IPMIによるリモート接続

Linux から Windows に接続

Linux から Windowsに接続する方法はいくつかありますが、利用頻度は高くないと思います。

たとえばChromeリモートデスクトップで接続できます。

接続方法例

- Chromeリモートデスクトップ
- VNC
- リモートデスクトップ(Remminaなどを使ってRDP接続)
- IPMIによるリモート接続
- Hypervisor経由での接続

LinuxからLinuxに接続

LinuxからLinuxに接続する場合は、通常SSHが利用されます。

接続方法例

- SSH
- VNC
- Chromeリモートデスクトップ

LinuxからMacに接続

LinuxからMacに接続する場合は、通常SSHが利用されます。

接続方法例

- SSH (Mac側の共有の設定で「リモートログイン」を有効にしておく)
- VNC (Mac側の共有の設定で「画面共有」を有効にしておく)
- Chromeリモートデスクトップ

MacからWindowsに接続

MacからWindowsに接続する方法はいくつかあります。

接続方法例

- SSH
- VNC
- Chromeリモートデスクトップ
- リモートデスクトップ(AppStoreからMicrosoftRemoteDesktopをインストール)
- 直接Ethernetケーブルで接続(ファイルの共有)
- SMB/CIFS (ファイルの共有)
- WinSCP (ファイル共有)

MacからLinuxに接続

Macから Linuxに接続する場合は、通常SSHが利用されます。

接続方法例

・SSH
・VNC
・Chrome リモートデスクトップ

MacからMacに接続

Macから Macに接続する場合は、VNC(画面共有)を使うと便利です。
接続される側はあらかじめ画面共有がONになっている必要があります。

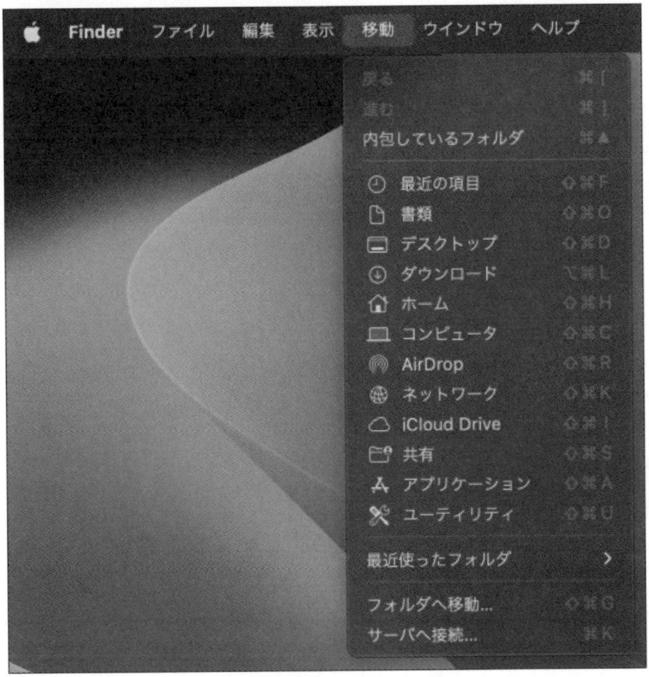

図2-3-4　移動→サーバへ接続

図2-3-5　VNCで接続する場合の指定例

接続方法例

・VNC（画面共有）
・SSH
・Chromeリモートデスクトップ

2-4
リモート接続の設定と接続方法（スマートフォンとサーバ）

ここでは、スマートフォンからサーバへ接続する方法と、反対にコンピュータからスマートフォンに接続する方法、さらにスマートフォンからスマートフォンに接続する方法を解説します。

一部の情報については悪用できてしまうものもあるので省略しています。

また、環境や設定によっては接続できないこともあります（要root化など）。

AndroidからWindowsへ接続

AndroidからWindowsへ接続する方法はいくつかあります。

接続方法例

・Remote Desktop（Microsoft公式のAndroidアプリ。Playストアから入手）
・Chromeリモートデスクトップ
・VNC
・AirdroidやTeamViewerなどのアプリを利用してリモート接続
・IPMIによるリモート接続

AndroidからLinuxへ接続

AndroidからLinuxへ接続する方法はいくつかありますが、SSHやVNCで接続するのが一般的なようです。

接続方法例

・SSH　・VNC
・Chromeリモートデスクトップ
・IPMIによるリモート接続

AndroidからMacへ接続

AndroidからMacへの接続は、SSH、VNC、Chromeリモートデスクトップのいずれかが使われているようです。

接続方法例

・SSH(Mac側の共有の設定で「リモートログイン」を有効にしておく)
・VNC(Mac側の共有の設定で「画面共有」を有効にしておく)
・Chromeリモートデスクトップ

AndroidからAndroidへ接続

通常、AndroidからAndroidをリモート操作することはほとんどないと思いますが、できるかできないかで言えばできるので、記録の意味も含め記載します。

接続方法例

・TeamViewerなどのアプリを利用してリモート接続

iPhoneからWindowsへ接続

iPhoneからWindowsへ接続する方法はいくつかあります。

Chromeリモートデスクトップの接続方法はPCと同じなので省略し、Microsoftリモートデスクトップでの接続について少し細かく記載します。

接続方法例

・Chromeリモートデスクトップ
・Microsoftリモートデスクトップ(iPhoneのアプリ)

接続する側(iPhone)

AppStoreで「Microsoftリモートデスクトップ」をインストール。

インストール後にアプリを起動し、「接続先のホスト名」「IPアドレス」「認証情報」など登録し、接続します。

接続される側(Windows)

「リモートデスクトップ接続の有効化」と「ファイアウォールの穴あけ、もしくは無効化」の設定を行なっておく必要があります。

iPhoneからLinuxへ接続

iPhoneからLinuxに接続するには、VNCClient (Viewer)を使うか、SSHで接続するのが手軽でいいでしょう。

接続方法例

- VNC (iPhoneにVNCClientをインストール)
- SSH (iPhoneにSSHClientをインストール)

iPhoneからMacへ接続

iPhoneからMacに接続するには、VNCClient (Viewer)を使うか、SSHで接続するのが手軽でいいでしょう。

ファイルだけのやり取りであれば、「**AirDrop**」も手軽です。

接続方法例

- VNC (iPhoneにVNCClientをインストール)
- SSH (iPhoneにSSHClientをインストール)
- AirDrop (ファイル共有)

iPhoneからiPhoneへ接続

iPhoneからiPhoneに接続するには、アプリを使う方法と、iPhone自身がもつ「**スイッチコントロール**」という機能を使う方法がありますが、使い勝手はよくないのであまり使うことはないでしょう。

念のためスイッチコントロールの設定方法と接続方法を記載します。

接続方法例

- TeamViewerなどのアプリを利用してリモート接続
- スイッチコントロールを使って別のApple製デバイスを操作する
- AirDrop

接続する側(iPhone)

操作対象と同じWi-Fiに接続します。

操作対象と同じAppleIDでiCloudにサインイン。

設定→アクセシビリティ→「近くのデバイスを操作」をタップ→操作対象をタップします。

接続される側(iPhone)

操作対象と同じWifiに接続します。

操作対象と同じAppleIDでiCloudにサインイン。

設定→アクセシビリティ→スイッチコントロールを有効にします。

＊

ほかにも、ファイルのやり取りをするだけなら「**AirDrop**」(写真や動画、連絡先、位置情報などを手軽に送信できる機能)が手軽です。

AirDropを有効にするには、接続する側と接続される側の両方でBluetoothとWi-Fiなどのネットワーク接続が有効になっている必要があります。

AirDropの仕組みとしては、最初にBluetoothのBLE(Bluetooth Low Energy)の機能を使って、約8〜15m程度の範囲内にあるiPhone、iPad、Macを探し、その後、PierToPierモードでお互いを接続してからデータを送信する流れです。

AndroidからiPhoneへ接続

Androidから iPhoneへ接続する機会はあまりないと思いますが、アプリを利用することでリモート接続できます。

接続方法例

・TeamViewerなどのアプリを利用してリモート接続

iPhoneからAndroidへ接続

iPhoneからAndroidへ接続することはあまりないと思いますが、アプリを利用することでリモート接続できます。

接続方法例

・TeamViewerなどのアプリを利用してリモート接続
・VNC（Android用VNCServer（Android側に入れる）などのアプリを利用）

第3章 サーバルーム

本章では、業務でサーバを扱う者にとっては切っても切れない関係であるサーバルームの説明や、その入り方、中の様子などを詳しく説明しています。

ルールを守りつつ、かつ緊張感をもってサーバルームを使用しましょう。

3-1 サーバルームとは

ここではサーバやサーバラック、サーバに関連する機器が大量に置いてあるサーバルームについて解説します。

なお、本書ではサーバルームのことを「SR」と略すことがあります。

サーバルーム、データセンターの登場人物

サーバルームやデータセンターでは、さまざまな人が働いています。

ここではどのような役割の人がいるのかご紹介します。

(名称や、役割、業務内容は会社によって異なることがあります)

サーバ管理者、システム管理者

サーバには必ず一人以上の担当者が存在します。

このようなサーバを担当する人のことを「**サーバ管理者**」や「**システム管理者**」と呼びます(たまに「**サバ管**」と呼ばれることもあります)。

図3-1-1　美味しいサバ缶

サーバルーム（サーバラック）には複数のサーバが存在するので、サーバ管理者やシステム管理者が複数人存在することも普通にあります。

ここで言うところのサーバ管理者には「ネットワーク管理者」も含みます。

オペレーター

サーバ管理者が必ずしも物理的にサーバルームやデータセンターの近くで勤務しているとは限らないので、実機の操作や、たとえばバックアップのテープ交換などの簡単な定型作業などは「**オペレーター**」に依頼します。

データセンターに常駐する技術者

データセンターは通常、サーバルームだけではなくオペレーターやインフラに関連する技術者用の執務室が存在します（規模や会社によります）。

業者（ベンダー、配送業者、電気工事業者、工事業者など）

サーバは物理的筐体なので、ベンダーから購入した際はベンダーの担当者や配送業者、電気工事業者、工事業者などがサーバルームに入ることになります。別の部屋に納品し、技術者自身でサーバラックに設置することも多いです。

建物維持管理の人

何もしなくてもチリやホコリは溜まります。

また、データセンターには食堂やトイレなどの設備があるので、それらの設備の維持に関わる方々（清掃業者など）も出入りがあります。

サーバルーム、データセンターを作りたいならこの本を読もう

本書はサーバルーム、データセンターを利用する側を対象に書いています。

もしサーバルームやデータセンターを作りたい場合は、日本データセンター協会から発行されている、『**データセンター運用ガイドブック**』『**データセンターサーバ室技術ガイドブック**』を読むのがいいでしょう。

高い本なので、購入するのが難しいようであれば、国会図書館にて無料で閲覧するのも手です。もちろん、これらの本は利用する人にとってもためになる情報が多く載っています。

図3-1-2　ガイドブック

サーバルームってどんなところ？

「**サーバルーム**」は、複数のサーバが収まったサーバラックが複数個設置されている機械室です。

通常は整理整頓されているはずですが、機器が多く部屋の中が狭く、そして機械の駆動音が非常にうるさく、さらに激しく排熱する機械を冷やすために寒いです(空調設備が足りていないと暑くなります)。
「**マシンルーム**」と呼ばれることもあります。

内部では、基本的に空冷によって各機械が冷やされていますが、水冷に対応したサーバラックなどの設備も存在します。

具体的にサーバルームはどこにある？

中小企業から大企業までさまざまな会社の規模があるように、サーバルームもオフィスの一角程度の小規模なサーバルームから、複数のサーバルームが入ったデータセンターまで大小さまざまです。
ちなみにビル内のサーバルームは会社にもよりますが、地下に存在することはあまりありません(水没を回避するため)。

小規模：オフィスの一角～フロアの一室

オフィスの一角程度の小規模なサーバルームのイメージを見てみましょう。

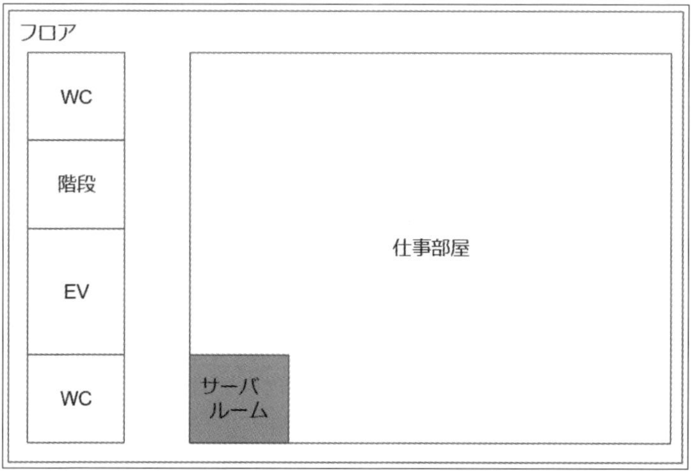

図3-1-3　小規模サーバルームを上から見たイメージ

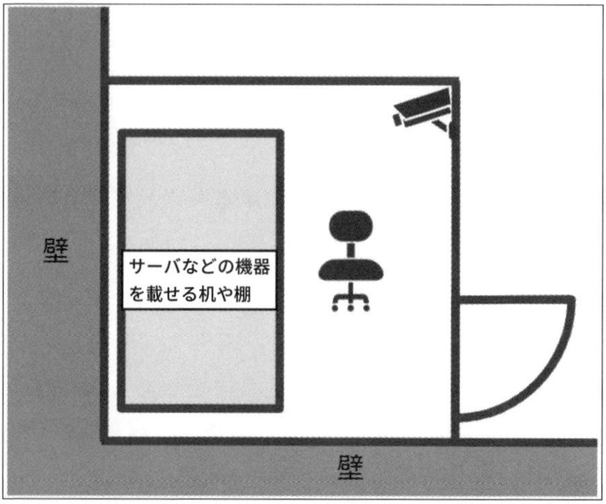

図3-1-4　小規模サーバルームを上から見たイメージ(サーバルームの内部)

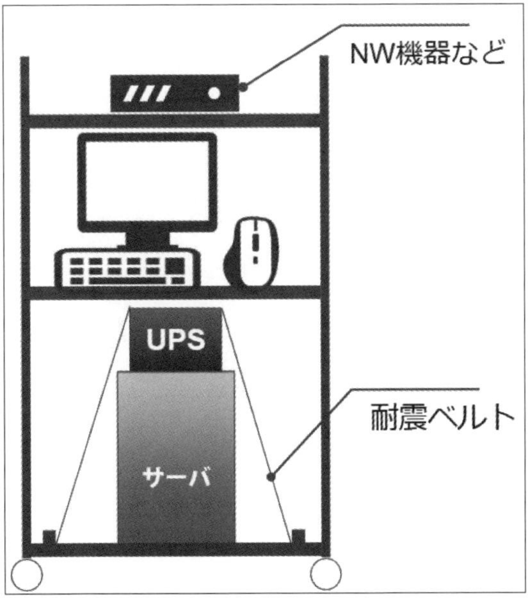

図3-1-5　作業机や棚(ラック)を横から見たイメージ

次も小規模ですが、もう少し大きめなサーバルームのよくあるイメージを見てみましょう。

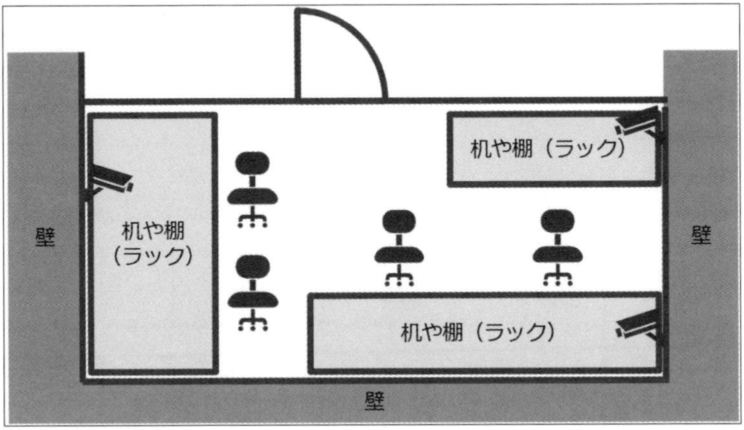

図3-1-6　少し大きめの小規模サーバルームを上から見たイメージ

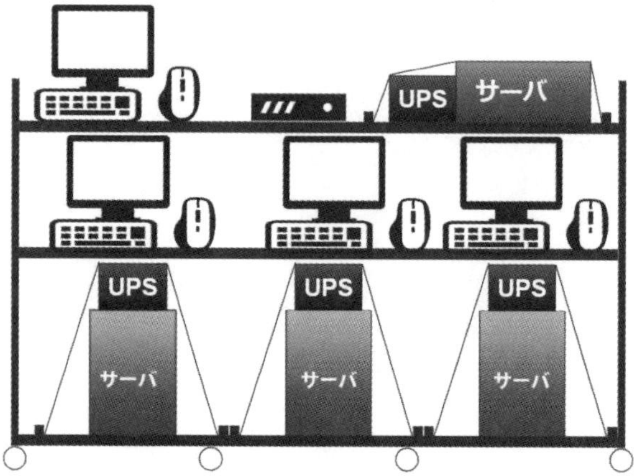

図3-1-7　作業机やラックを横から見たイメージ

中規模：フロアの一室～複数のフロア

中規模なサーバルームのイメージを見てみましょう。

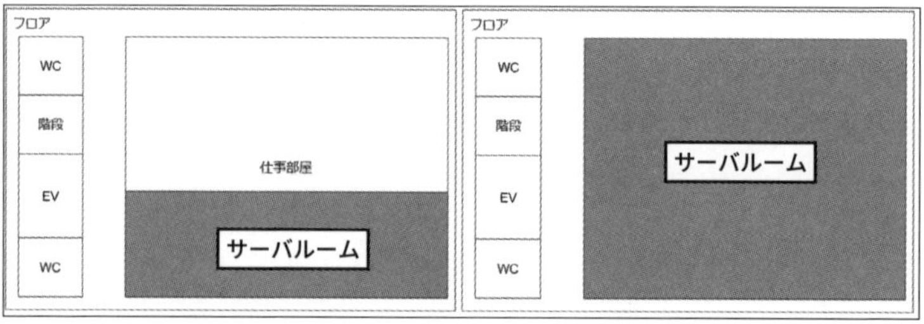

図3-1-8　中規模サーバルームを上から見たイメージ

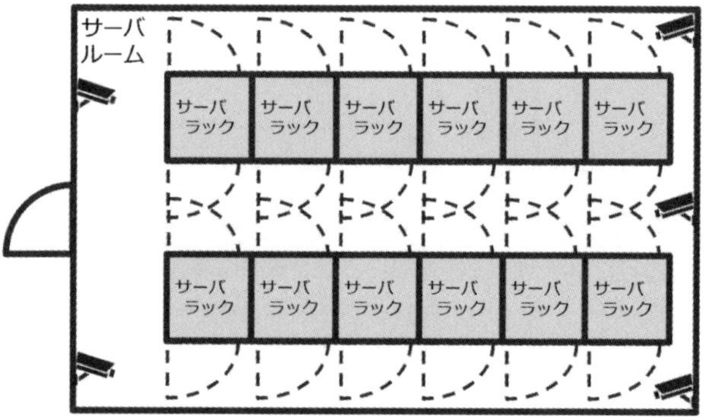

図3-1-9　中規模サーバルームの内部のイメージ（点線はラックの扉）

サーバラックを設置する場合は、天井配線または床下配線となります。

床下配線の場合、床は二重床となります。

サーバを搭載したサーバラックはとても重たいので、床の耐荷重に注意が必要です。

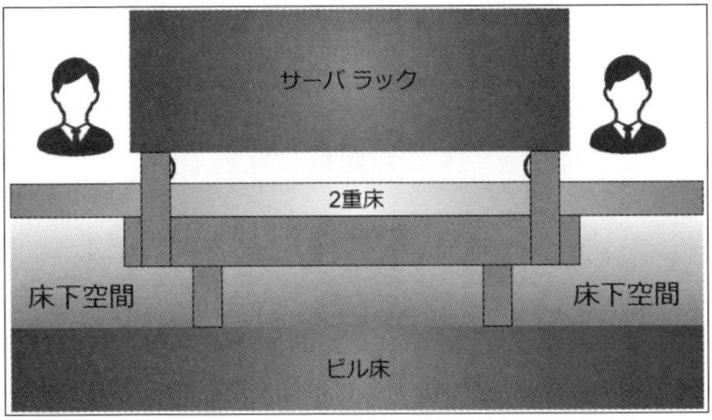

図3-1-10　二重床の断面イメージ

大規模：複数のフロア〜複数データセンター

複数フロアにまたがるような大規模なサーバルームや複数のサーバルームを備えたデータセンターの中は、中規模サーバルームを拡張したような、サーバラックが大量に設置された景色となります。

一見して中規模サーバルームと大規模サーバルームに大きな差はないように見えますが、大規模な施設は発電機を備えているなど、より可用性を高める機能や装置を有するという違いがあります。

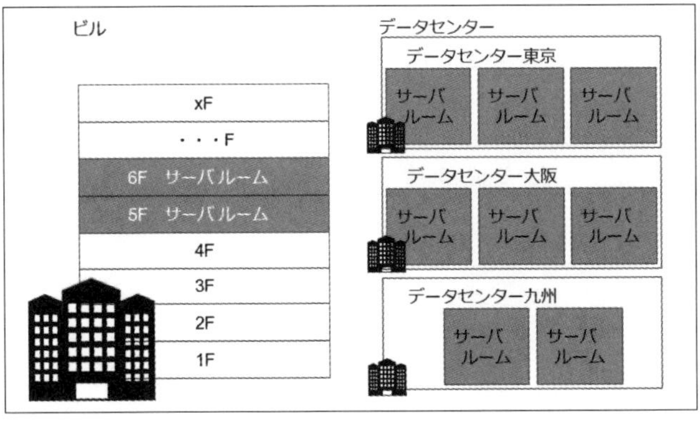

図3-3-11　大規模サーバルームのイメージ

会社には必ずサーバルームが存在するか？

すべての会社でサーバルームが存在しているわけではありません。
サーバルームは必須設備ではないのです。

サーバルームが存在しない理由

サーバルームがない会社には、ないなりの理由があります。
サーバルームがない理由をいくつか記載します。

サーバルームが存在しない理由

・機器数が少なく、鍵付きロッカーで管理可能
・サーバルームを設置するほど重要なデータが存在しない
・サーバレス環境（全サーバがクラウド上に存在するか、サーバが1台もない）
・専用スペースで充分と考えている
・サーバルームを設置する予算がない
・サーバルームを設置するポリシーが会社にない

サーバルームにあるサーバ以外の機器や物

サーバルームには、サーバ以外にもさまざまな機器や物が置かれています。

サーバ以外の機器や物

・電源ケーブル、LANケーブル、光ファイバケーブル
・ネットワーク機器
・PBX
・電話機
・作業用机、イス
・サーバ用部品
・バックアップ用テープなど
・UPS（無停電電源装置）
・作業用PC
・工具
・タグ
・キーボード、マウス、モニタ

3-2 サーバルームに入ってみよう！

前節までで、サーバルームのおおよそのイメージができたと思います。

ここでは実際にサーバルームに入ることを想定してさまざまな内容について解説しています。
本節の情報を利用し、ぜひサーバルームに入ってみましょう。

サーバルームに入ってみよう！

はじめに、サーバルームに入るには「**目的**」が必要です。
たとえば「サーバルームを見学する」という目的でも充分です。
「物理筐体のランプ状態を確認する」「ケーブル結線状態を確認する」などの理由も充分に目的になります。

＊

次に、サーバルームに入るには「**所定の手続き・申請・鍵**」が必要になります。

ではさっそく手続きをしましょう！　と言いたいところですが、**「所定の手続き・申請」は会社や管理者によって異なる**ので、一概に「こうすればよい」とは残念ながら説明できません。

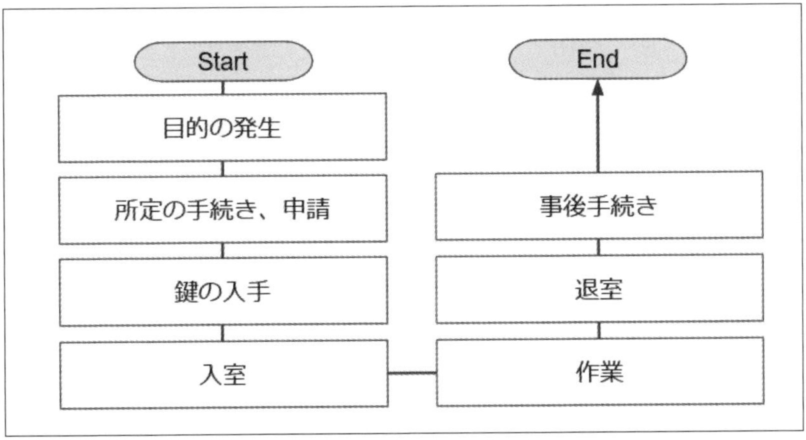

図3-2-1　サーバルーム入室のためのフロー例

所定の手続き・申請

ありがちな「所定の手続き・申請」のケースを書き出してみます。

申請の手続き

- 特に申請不要。ただし入り口の入退室記録ノートに記載が必要
- 所定のExcelファイルに入力し、システム管理者にメール通知
- 所定のWebページから申請が必要

鍵の取得

「所定の手続き・申請」が終わったら、サーバルームに入るための「**鍵**」(物理鍵やカードキーなど)が必要となります。

稀に一時パスワードが発行されるような仕組みの場合があります。

まずはサーバルームに入るための鍵をゲットしましょう！鍵はどうやって入手すればよいのでしょうか？

これも、会社や管理者によって変わるので入手方法例を記載します。

鍵の入手方法の例

- システムを利用して自分で鍵を発行する
- サーバ(システム)管理者と会話して借りる
- 役職者と会話して借りる
- 鍵の担当者と会話して借りる
- 所定の場所から勝手に借りる(勝手に借りていいことになっている場合)

サーバルームへ入室

鍵をゲットしたら、サーバルームへ入室します。

サーバルームへ入室する手順も会社やビル設備や管理者によって異なるので、**資料をよく確認し、事前に詳しい人に聞いておきましょう(根回しが大事)。**

目的の遂行

無事にサーバルームへ入室したら、早速目的にとりかかりましょう。

サーバルームから退室

目的を達成したら、サーバルームを出ます。
出る前に動かした工具や椅子などを元の場所に戻しておきましょう。

また、サーバのランプ状態なども余裕があれば軽く見ておくとよいでしょう。
サーバルームに人が入った直後に問題が起きると、その人が何かをしたのではないかと、あらぬ疑いをかけられることがあります
そのため、明らかな異常がないか退出前に軽く見ておくことは重要です。
可能であれば、作業前と作業後に両方見るとなおいいでしょう。

施錠忘れや持ち込んだ資料、筆記用具の持ち帰り忘れなどにも注意してください。

事後作業

サーバルームを出たら、速やかに鍵類の返却と、必要な場合は報告書の類を作成して提出してしまいましょう。

お疲れさまでした。これでサーバルームへの入退室は終わりです。

サーバルームの最低構成要素

「**サーバルームの最低構成要素**」とは、「最低限これがあればサーバルームと言えるよ」という要素のことです。
これらのどれか一つでも欠けていればサーバルームとは呼べないでしょう。

サーバルームの最低構成要素

- **入退室記録がつけられている**
- **サーバにとって快適な環境である(温度、湿度、電源)**
- **他の空間と区切られている**

入退室記録

「**入退室記録**」は非常に重要です。
サーバというものは、基本的にログ(記録)が残されるべき性質のものです。
サーバルームを設置する最も重要な機能は「入退室記録である」と言っても過言ではありません。

ちなみに入退室記録は非常に重要ですが、「**入退室記録の事後精査**」も重要です。

入退室記録はつけているが、事後の精査はしていないとなると入退室記録を取る効果は薄れます。

＊

また、最低構成要素には含まれませんが、通常サーバルームに存在する要素、または存在すると望ましい要素には以下があります。

サーバルームに存在する/存在するのが望ましい要素

- 配線や床、天井などのインフラストラクチャ設備
- 監視カメラ
- UPSなどの非常用電源
- サーバラック
- 作業用PC

サーバルームの必要性

企業にとって重要な情報は、企業独自のノウハウや個人情報などさまざまな種類がありますが、管理体制が重要です。

もし、重要情報が個人のパソコンに入っていたり、誰でも開ける鍵のかかっていないキャビネットに紙の状態で入っていたり、いろいろな場所に散らばっていたりすると、適切に管理することが非常に難しくなります。

この適切な管理を比較的容易にするのがサーバルームです。

企業によっては部屋の一角や一室をサーバルームとして扱うことがあります。

基本的にサーバは壊れると重大な影響が出てしまうので、関係ない人が簡単に触れられないように隔離された部屋や場所に置かれ、また、コンピュータにとって快適な環境に置かれています。

適切な管理体制の客観的証明

各企業によって重要情報の管理状況は異なりますが、客観的評価として「**P(プライバシー)マーク認定**」や「**ISO認証**」があります。

これらの認定や認証を取得することによって、他の人や会社から「この会社は重要情報を適切に管理している」と判断されるわけです。

こういった認定や認証を取得することを「基準に準拠している」と言います。

反対に、これらの認定や認証を取得していない場合、「この会社は重要情報を適切に管理しているかどうか分からないと判断されます（現実的には「適切に管理できていない」と判断される）。

当然ですが、重要情報が適切に管理できていなければ入札や契約ができないといった事態にもつながりかねません。

適切な管理体制の認定・認証

・Pマーク（JISQ15001）	・ISO9000シリーズ
・ISO14000シリーズ	・ISO27000シリーズ（ISMS認証を含む）

＊

「Pマーク認定」や「ISO認証」を取得するには、いくつか条件をクリアする必要がありますが、その一つとして重要情報の管理が適切である必要があります。

重要情報の管理

「重要情報の管理ができている」とは下記の内容をすべて把握、運用できている状態です。

適切な重要情報の管理の条件

・自社の中で重要情報は何か（どれか）
・重要情報はどこにあるか
・重要情報にアクセスできる範囲と人を適切に制限している
・重要情報に誰がいつ何の目的でアクセスしたか記録している
・重要情報にアクセスした記録を適切なタイミングと頻度でチェックしている（不適切なアクセスの是正）

入退室できる人

サーバルームには重要情報が保管されているので、誰でもサーバルームに入れてしまってはサーバルームを設置する意味がなくなります。

サーバルームに入れる人はサーバ（システム）管理者が制限しなければなりません。

サーバルームに入れる人の例

・サーバ（システム）管理者
・サーバ作業がある人（申請など適切な事務手続きを行なった人）
・工事業者などサーバルームや関連する設備の作業を行なう人
・清掃業者

法令

サーバルームは「**消防法**」や「**建築基準法**」を守る必要があります。

Column Pマーク運営団体から情報漏えい

2023年11月13日、Pマーク制度を運営する「日本情報経済社会推進協会」(JIPDEC)が、情報漏えいについて調査結果を発表しました。

いわく、審査員が個人PC(正しくはNAS)で審査関連書類を保存し、約3年間外部から丸見えになっていたそう。

その後の調査で、他の情報についても漏えいしていた可能性もあったようです。

Pマークを認定する側の組織の情報が漏えいしていては笑えません。

サーバルームを使うメリット、デメリット

サーバルームを利用するメリット、デメリットをまとめます。

表3-2-1 サーバルームのメリットとデメリット

メリット	デメリット
管　理 サーバルームを設置すると、一般的にサーバの管理が容易になります。	**スペース** サーバを設置するためのスペース、電源、冷却装置、ネットワークケーブルなどの設備に専用のスペースが必要です。
冷却効率の向上 サーバルームは、冷却システムを備えているため、サーバを適切な温度で運用できます。 これにより、サーバの寿命を延ばし、パフォーマンスを向上させることができます。	**コスト** サーバルームを導入するには、初期投資が必要であり、専門的な設備の設置、電力、冷却装置、バックアップ装置、物理的なセキュリティ機能、管理者の給与などの多大なコストがかかる場合があります。
セキュリティ サーバルームは、より安全なデータストレージとアプリケーション実行環境を提供できます。 物理的なセキュリティを確保するため、入り口には鍵やカードキーが必要であり、サーバの設置場所やアクセス権限も制限されます。	**柔軟性や利便性低下の可能性** サーバルームを導入すると、システムの柔軟性や利便性が低下する可能性があります。

サーバルームの作業で役に立つ道具

サーバルームではさまざまな作業があります。

そういった作業の際に役に立つアイテムについて、いくつかご紹介します。

メモ用ノートとペンとクリップボード

クリップボード(用箋挟《ようせんばさみ》)は、「紙挟み」「ペーパーホルダー」「ライティングホルダー」など、さまざまな名称で呼ばれることがあります。

クリップボードは100円ショップでも売っています。

図3-2-2　クリップボード

フラッシュライト、小型ペンライト

サーバラック内の暗い部分、見にくい部分を見るために使います。

Amazonやドン・キホーテなどで購入可能です。

一見して同じ見た目でも、製品によって明るさが大きく変わります。

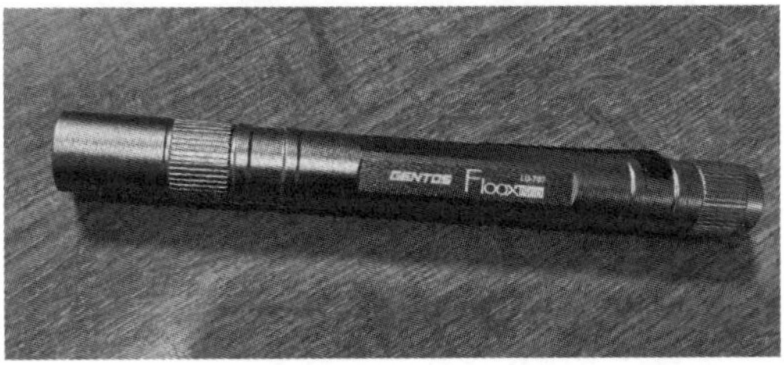

図3-2-3　小型ペンライト

軍手

サーバ筐体は金属でできているので、作業で手をザックリと切って出血してしまう事故はわりと多いです。

また、サーバ筐体は重いので、手を滑らせて足の上に落とすと重症を負うこともありますし、当然ながら落としたことで筐体を破損させることもあります。

そのような事故を回避するのに「**軍手**」は役に立ちます。

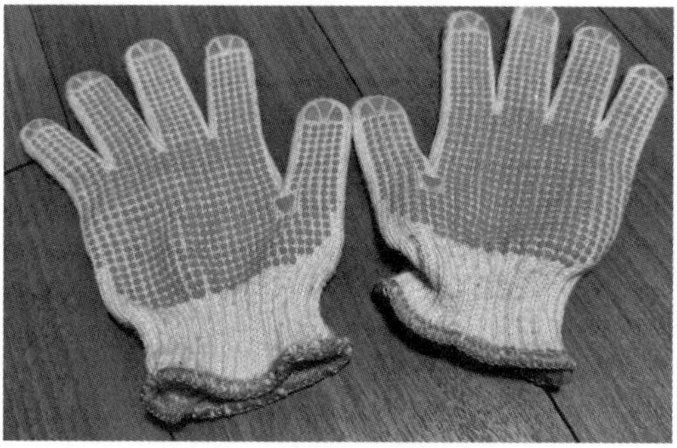

図3-2-4 滑り止め付き軍手

静電気防止手袋

「**静電気防止手袋**」は、サーバの筐体を開いてメモリなどの部品を交換する際などに利用します(静電気による故障防止のため)。

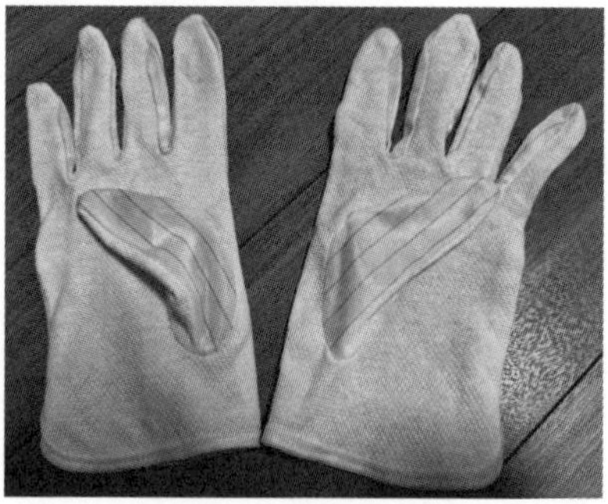

図3-2-5 静電気防止手袋

脚立

サーバラックの上部の作業時に役に立ちます。

工具類

よくある「**ドライバセット**」があると便利です。

鉄やステンレスの「**定規**」なども、サーバとレールの爪が外れないときなどに使います。

図3-2-6　ドライバ類

結束バンド(ケーブルタイ)

「**結束バンド**」は、「ビニタイ」とか「ネジネジ」、「タイラップ」や「インシュロック」などと呼ばれることもあります。呼び名はいろいろありますが、すべて似たようなものです。

結束バンドを使うことでケーブルをまとめることができます。

なお、タイラップとインシュロックは登録商標です。

図3-2-7　マジックタイ

紐付きタグ、マーカータイ、ケーブルラベル、ファイバータグ

LANケーブルなどのケーブルの両端に「**タグ**」をつけると、メンテナンスがしやすくなります。

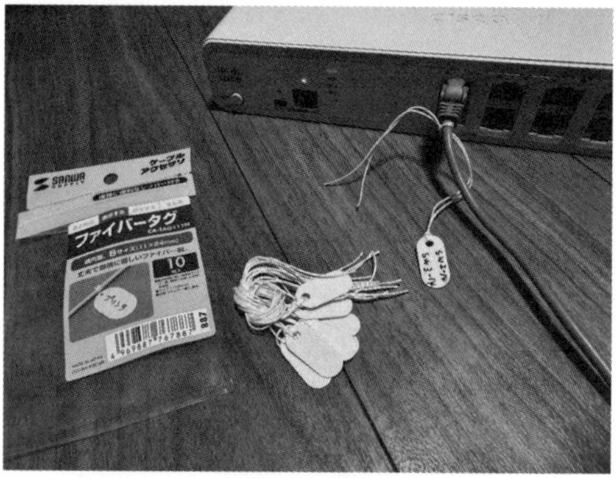

図3-2-8　タグをつけると管理しやすい

養生テープ

剥がしても跡がつかないテープとして、「**養生テープ**」が現場では重宝されています。100円ショップでも売っています。

図3-2-9　養生テープ

プラスチックケース

ケーブルや電源コードなどは、まとめて段ボールに入れてもいいのですが、100円ショップで買える程度の「**プラスチックケース**」に入れて管理すると見栄えが良く、取り出しやすいです。Twitter(現在のX)で得た有益な情報です。

図3-2-10　プラスチックケース

サーバルームでの服装

サーバルームでの作業は人間にとっては苦行となることが多いです。

まず、何度も書いていますが、サーバルームはうるさくて寒いです。
そのためサーバルームで作業する人は必ず寒さ対策をとってください。
服装はいいとしても、指先などが冷えてキーボード操作に支障が出るという事態もありえるので、携帯カイロを用意するなどの対策も有効でしょう。

さらにサーバの設置・移設作業の場合は、肉体労働となりがちなので寒い場所で汗をかくという最悪の状況になることもあります。
汗をかくような作業を行なう場合は、こまめに休憩をとりましょう。
また、皮膚の乾燥にも注意が必要です。

サーバルームでの作業は、サーバ筐体を開けてマザーボードの部品を直接交換するといった場合もあるので静電気を多く発生させそうな服装も避けるべきでしょう(「**制電服**」や「**制電手袋**」の利用)。

さらに、長時間座りっぱなしだとか、反対に立ちっぱなしで作業ということもよくあるので、一定時間作業をしたら休憩したり体を動かしたりしてエコノミークラス症候群を避けるなどの対策も有効です。

基本的には1、2時間ごとに休憩をとるようにしましょう。

また、スカートやヒラヒラした服は下から風が吹いてめくれたり、機械に巻き込まれたりする危険があるので着るのを避けるのがいいでしょう。

サーバルームに入る目的例

サーバルームに入る目的の例を記載します。

サーバルームに入る目的例

- ・リモートではできない操作を行なう
- ・リモートでは確認できない機器の状態を確認する
- ・リモートより高速で行なえる操作を行なう
- ・バックアップテープの交換、ケーブル抜き挿し、電源操作など物理的な作業を行なう
- ・CDやDVDディスクの操作を行なう
- ・新規機器の設置、移設、撤去など行なう(下見など含む)
- ・機器のランプ状態や音を目視確認する
- ・整理整頓、清掃

サーバルームで絶対にやってはいけないこと

「普通に考えたら分かるだろうやってはいけないこと」をやってしまう人が稀にいるので、「**サーバルームでやってはいけないこと**」をあえて簡単に列挙します。

ついやってみたくなる気持ちは分かりますが、よく分かっていない人がここに書いてあることをやった場合、基本的に即クビになります。

場合によっては訴えられて人生が終わります。

また、「ここに書いてないことはやっていい」というわけではないので、注意してください。

サーバルームでやってはいけないこと

・理由もなく機械のボタンを押す
・理由もなく機械のスイッチを切り替える
・理由もなくケーブルを挿したり抜く
・理由もなくサーバに向けて大声で叫ぶ
・機械を殴る、蹴る、触る
・USBメモリやポータブルHDDなどを持ち込む
・届出や許可なしでカメラ付きスマホ、ケータイを持ち込む
・理由もなく強力な磁石を持ち込む
・サーバルーム内で自撮り
・HDDなどの部品を届出や許可無しで持ち出す

そのほか、やってはいけないわけではないが注意すべきことも記載します。

表3-2-2　サーバルーム内で注意すべきこと

サーバルーム内での飲食	基本的に禁止されていますが、条件によっては許可されることがあります。
作業用資料の持ち込み	注意される場合があります。 また、事前の申請が必要なケースもあります。 現場の担当者に一応確認しましょう。
整理整頓	動かした工具や机などは、可能な限りもとに戻してから退室しましょう。

＊

ここに記載したほかにも、その会社やお客さん独自のルールや仕様があることがあります。

よく資料に目を通したり、有識者と認識を合わせたりしましょう。

3-3 サーバルームのセキュリティ

サーバルームにおける「入退室記録」は非常に重要だと記載しましたが、ここではサーバルームの価値を高めるセキュリティ要素について説明します。

サーバルームのセキュリティ

サーバルームのセキュリティを考えると、いくつかの要素があります。

ここでは「**物理的セキュリティ**」「**論理的セキュリティ**」「**監視・監査**」について簡単に説明します。

物理的セキュリティ

「**錠**」を設置することで、「**鍵**」(通常の物理的な鍵やカードキー、指紋や網膜のような生体キーなど)によって物理的なセキュリティの強度を高めます。

よく錠が設置されている箇所の例を記載します。

錠の設置箇所の例

- ・サーバルーム入り口の扉の錠
- ・サーバラック間の簡易しきりの錠
- ・サーバラックの錠
- ・サーバ筐体パネルの錠
- ・サーバとラックを固定した部品との錠

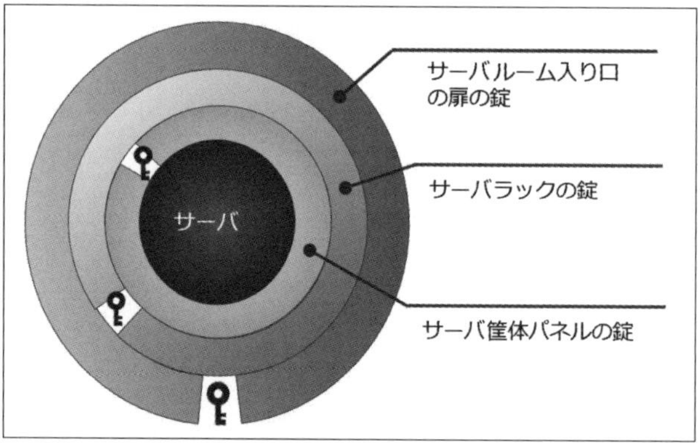

図3-3-1　物理的セキュリティのイメージ

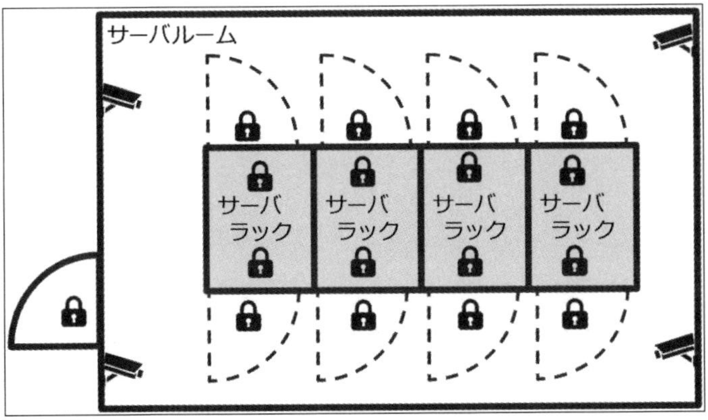

図3-3-2　物理的セキュリティの境界部（点線はラックの扉）

論理的セキュリティ

基本的にサーバルームにはサーバ管理者や責任者が認めた人しか入れませんし、サーバを触れません。

定められた条件をクリアした人だけがサーバを触れます。

論理的セキュリティの例

- ACL（AccessControlList アクセス権）フィルタ
- スキル（技術力）フィルタ
- 事前申請フィルタ（事務妥当性、誓約書など）
- 事前申請フィルタ（作業内容精査）

監視と監査

サーバルームには重要情報が保管されているので、基本的にすべて監視カメラが設置されています（実際に録画されているかどうかは別の話）。

部屋の一角程度の小規模のサーバルームでも例外ではありません。

サーバルームへの入退室記録は一定のタイミングで監査されます。

理由を説明できない入室は問われることがあるので注意しましょう。

サーバルームのクラッキング

あなたがもし、不正にサーバルームにアクセスしようと考える人であった場合はどうするか、あるいはどうなるか。

思考実験をしてみましょう。

*

まず、悪意をもった人の目的は何でしょうか？

基本的にお金を目的とする場合、わざわざ捕まる危険が高いサーバルームに侵入しようとするよりも、リモートでサーバを何らかの手段でクラックするほうが手軽で安全です。

ただし、もし論理的なセキュリティが強固であっても、サーバルームに侵入するのが容易であれば話は変わります。

たとえば、サーバルームに侵入することができれば、不正なUSBメモリをサーバに挿せるかもしれませんし、ノートPCをサーバに直接コンソール接続することで、サーバを操作できてしまいます。

また、通常はサーバなどは監視されているのですぐに発覚してしまいますが、たとえばOSのディスクを入れてからサーバを強制再起動することでOSをレスキューモードやセーフモードで起動し、Administratorやrootのパスワードを変えてしまったり、パスワード自体を聞かれずにサーバにアクセスしたりする事態が想定されるでしょう。

*

サーバルームをクラッキングする手法の例を記載します。

もちろんこれらの行為は禁止されていたり犯罪になったりするので、実行しないでください。

クラッキングする方法の例

- 通常ルートと異なるルートを利用してサーバルームに入る（たとえばビル管理のマスターキーを使うなど）
- 役職者になりすまして権限を利用して、異なるルートでサーバルームに入る
- サーバ管理者から鍵を奪取する（もしくは本人が気付く前にコピーする）
- 物理的に扉を破壊して侵入する
- 防災訓練日や特殊な日を狙う
- サーバルームに入る作業があるプロジェクトに参加する（スパイ）

クラッキングから守る側の視点

あなたがもし、サーバ(システム)管理者であった場合、よからぬ意思をもった人にサーバルームで問題を起こさせないように努力をする必要があります。

なお、「よからぬ意思をもった人」と書きましたが、充分な「知識と経験と技術力がない技術者」も含まれます。

そういった人たちからサーバ(ルーム)を守る方法論をいくつか記載します。

クラッキングから守る方法の例

- ・サーバルームへの入室申請を正しく精査する(その用事、本当に必要?)
- ・サーバルームへ入室する人はその人でいいか確認する(性格、目的、技術力、etc)
- ・作業に関する説明をさせる
- ・作業手順書を事前に提出させ、精査する、疑問点を確認する
- ・作業時の監視を常に行なう
- ・関係者の素性を確認する(スパイ防止)
- ・通常ルート以外にサーバルームへ入るルートを把握、確認しておく

できるだけサーバルームに入らないために

サーバルームなんてものは寒くてうるさいし、気を使うので基本的にはできれば入りたくないものです。

ここではサーバルームになるべく入らないようにする対策例を記載します。

サーバルームになるべく入らないようにする対策例

- ・作業内容を見直し、作業回数を減らす(まとめてできる作業はまとめて実施)
- ・作業内容を見直し、本当にその作業が必要かどうかよく考える
- ・リモートでできる作業はリモートで行なう(たとえば機器の状態を確認するなど)
- ・他の人の作業予定を確認し、合わせて他の人に実施してもらう(その代わりに他の日は他の人の作業を実施してあげましょう)

第4章 データセンター

大規模なシステムや、大量のサーバを運用するにはデータセンターを利用することになるでしょう。
本章では、あまり表に出ることがないデータセンターについて、さまざまな情報を解説します。

4-1 データセンターとは

ここでは、データセンター自体についての説明や、メリット、デメリットなど概要について記載します。

データセンターとは何か？　どこにあるか？

「**データセンター**」とは、JDCC（JapanDataCenterCouncil）によると「**分散するIT機器を集約設置し効率よく運用するために作られた専用施設**」とのこと。

データセンターとは - JDCC 日本データセンター協会 https://www.jdcc.or.jp/activity/datacenter/

少し言い換えると、「複数のサーバルームで大量のサーバや機器を効率よく活用する専用施設」です。

＊

データセンターはセキュリティの観点から場所や詳細が公開されていないことが多いのですが、わりと街中や住宅街にあったりします。
また、北海道から沖縄まで日本中各地に存在します。

データセンターを使うメリット、デメリット

データセンターを使うメリットとデメリットを記載します。

表4-1-1　データセンターを使うメリットとデメリット

メリット	デメリット
高い可用性 高度な冗長性を備えており、システム障害や災害時でもシステムの可用性を維持することができます。特に発電機があるので、大災害時にも機器を長時間継続利用できます。	**初期コストの高さ** データセンターの利用には高額な初期費用が必要になることがあります。
高いセキュリティ 物理的なセキュリティ対策やセキュリティ監視システムを備えており、情報漏えいやサイバー攻撃からシステムを保護することができます。	**運用管理負荷の増大** 運用管理や管理負荷が増大することがあります。データセンターの運用には高い人件費や電気代がかかるため、運用コストが増大することがあります。
スケーラビリティの向上 システム拡張に合わせて必要なリソースを柔軟に提供することができます。	**通信インフラの依存度の高さ** データセンターを利用するためには、高速かつ安定した通信インフラが必要となります。
省スペース化 高密度なサーバ設置や仮想化によってスペース効率を向上させることができます。	**ライセンス費用の増大** 必要なソフトウェアのライセンス費用が増大することがあります。
省エネルギー 高効率な冷却設備や省エネルギー設計によってエネルギー消費量を削減することができます。	

オペレーターのことを知りたいならこの本を読もう

本書はサーバルーム、データセンターを利用する側の視点で書かれています。

もしデータセンターで働くオペレーターさんの仕事内容を知りたい場合は、Amazon で「寂しがり屋のスナフキン」氏が販売されている『データセンターご奉公物語：不器用なオペレータが楽しく働いている日々のできごと』という電子書籍が参考になります。

図4-1-1　オペレーターのことが分かる電子書籍

データセンターで利用できるサービス

データセンターでは、下記の3種類のサービスを利用できます。

ハウジング(コロケーション)サービス

「**ハウジングサービス**」とは、企業や個人が自社のサーバやネットワーク機器をデータセンター内に設置し、運用・管理をデータセンター事業者に委託するサービスのことです。

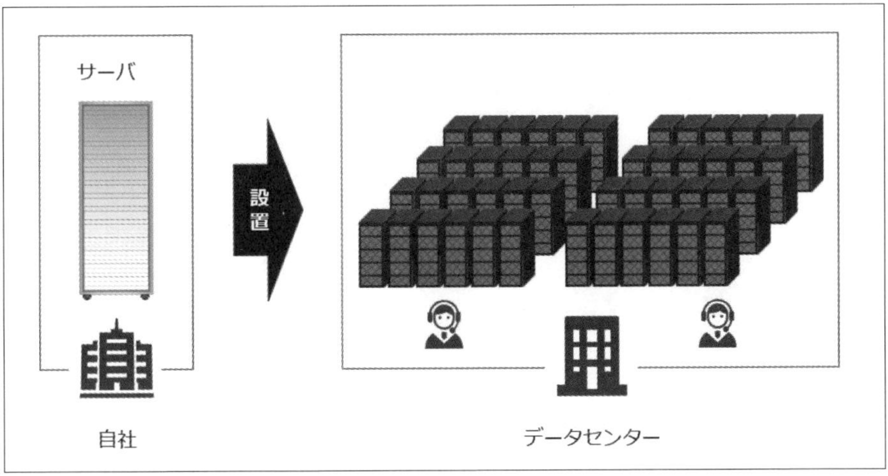

図4-1-2　ハウジングサービスは自社の機器をデータセンターに設置

ホスティングサービス

「**ホスティングサービス**」とは、企業や個人が自社のWebサイトやアプリケーションをデータセンター内のサーバに設置し、運用・管理をデータセンター事業者に委託するサービスのことです。

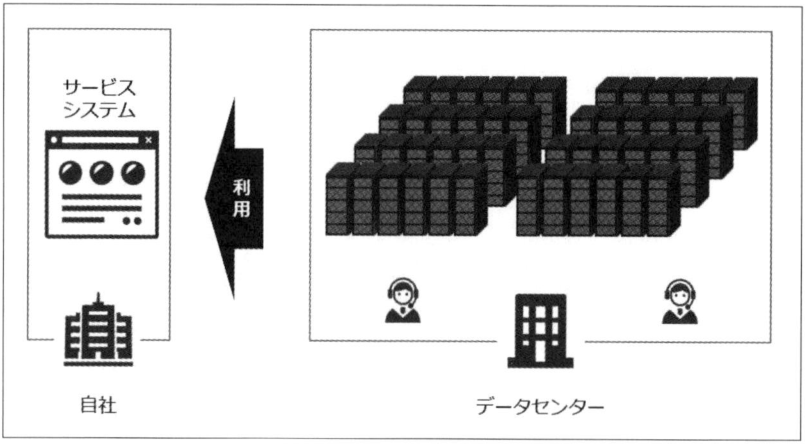

図4-1-3　ホスティングサービスはベンダーのサーバやサービスを借りる

クラウドサービス

「**クラウドサービス**」とは、企業や個人が、データセンター事業者が提供するクラウドインフラストラクチャーを利用して、アプリケーションやデータを運用・管理するサービスのことです（「**PaaS**」や「**SaaS**」）。

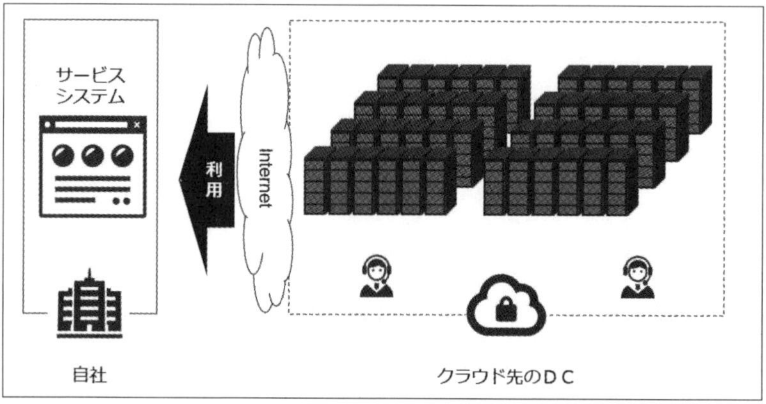

図4-1-4　クラウドサービス

データセンターを選ぶポイント

データセンターを選ぶ際のポイントを記載します。

データセンターを選ぶポイント

・望む目的を果たす機能を有したデータセンターかどうか
・費用が予算に収まるかどうか
・利用場所から近いかどうか(基本的に遠いほどネットワークが遅くなる)
・交通アクセスが便利か不便か
・小規模、もしくは大規模システムに対応しているかどうか
・運営会社の経営状況が正常かどうか
・過去の実績評価は高いかどうか
・物理的な空きスペースはあるかどうか
・セキュリティレベルは要望しているレベルに達しているかどうか
・運用レベルは要望しているレベルに達しているかどうか

法令

「建築関連法規(**建ぺい率**/**容積率**)」によって、データセンターの建築物には制限がかかります。

「**建ぺい率**」とは、建築面積の敷地面積に対する割合です。
要するに、「これくらいの広さの敷地では、これくらいの建築面積をとっていいですよ」という内容です。

「**容積率**」とは、建築物の延べ面積の敷地面積に対する割合のことです。
要するに、「これくらいの広さの敷地では、すべてのフロアの面積の合計はこれくらいまでとっていいですよ」という内容です。

また、「建築関連法規(**用途地域**)」によってデータセンターを作れる場所にも制限がかかります。
地域によって異なりますが工業地帯や商業地帯など、産業や商業が活発な地域でないとデータセンターを作れない場合があります。

＊

さらに、用途によっては国際カードブランド5社(American Express/Discover/JCB/MasterCard/VISA)が策定したクレジットカード業界のセキュ

リティ基準(クレジットカード情報の安全保護を目的とした基準)である「PCI DSS」(Payment Card Industry Data Security Standard)を遵守しなければならない場合があります。

最後に、海外のデータセンターはその国の法律で縛られるので、最悪の場合、「データセンター内のサーバのデータはすべてその国の政府が閲覧できる」などといった状況になる可能性もあることを認識すべきです。
たとえば個人情報保護法は国内でしか効力を発揮しません。

4-2 データセンターに入ってみよう！

前節までで、データセンターの大まかな部分について理解しイメージできるようになったと思います
よって、ここでは実際にデータセンターに入館することを想定し、具体的な手続きなど説明していきます。

データセンターに入ってみよう！

サーバルームへの入室と同様に、データセンターに入館して、データセンター内のサーバルームに入り、作業対象のサーバに接触するためには、決められた事務作業(申請系)が必要となります。

＊

基本的にデータセンターに入るのはサーバルームほど簡単ではありませんが、入室のための手続きを正しく押さえればサーバルームに入るのと難易度はそれほど変わりません。
サーバルームの入室方法と同じく、申請方法などは会社によって異なるのであくまで一例として参考にしていただければと思います。

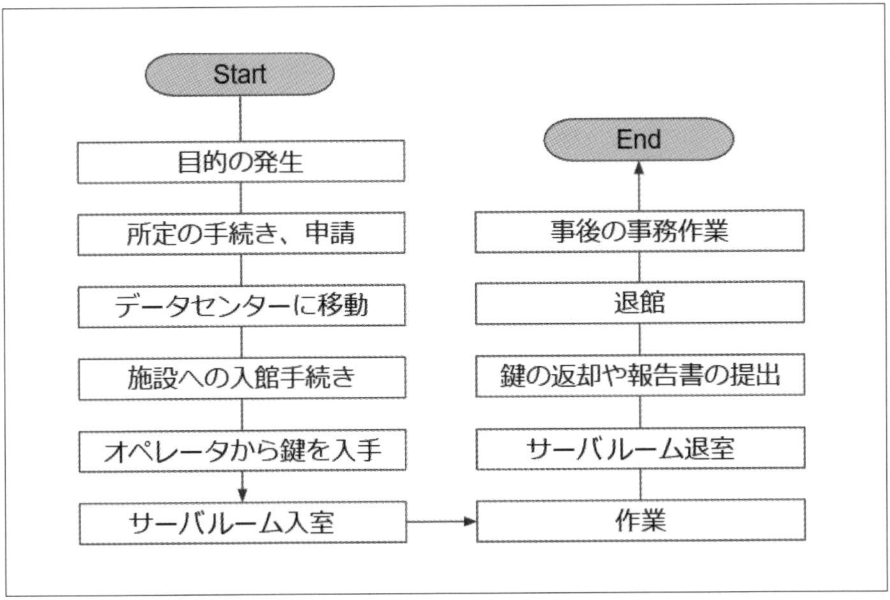

図4-2-1　データセンター作業時の大まかなフロー

特に電子機器の持ち込みには注意してください。

データセンターではさまざまな会社のサーバを置いていることがあるので、何かやってしまったときに自社だけの問題ではすまなくなることもあります。

集中して作業に当たりましょう。

目的

サーバルームへの入室と同様に、データセンターに入るためには「**目的**」が必要になります。

関係者に作業内容を知らせたり、作業影響を事前に伝えたり、何かあったときにサポートしてもらいたい人に事前に声をかけておいたりなど、関係者への根回しをします。

所定の手続き、申請

次に「**所定の手続き・申請**」を行ないます。

さらにデータセンターの担当者に対する「**申請手続き**」が必要になります。

会社によって、Web上で申請できたり、メールを使わないといけなかったり、紙での申請が必要だったりと、申請方法は千差万別です。

サーバルームの利用申請と同様に、会社や担当者によって手続き、申請方法は変わるので詳しくは社内の説明ページを熟読するか、責任者もしくは有識者に確認してください。

データセンターに移動

所定の申請が終わったら、作業の日程にデータセンターに向かいます。

入館手続き

データセンターに入ったら、まずは「**入館手続き**」を行ないます。

手続きはデータセンターの中でする場合もありますし、外の施設で行なうこともあります。

データセンターによってはここで、金属探知機や持ち物検査があることがあります。

オペレーターから鍵などを借用

入館できたら、必要であればオペレーターからサーバルームやサーバラックを開ける「**鍵**」(物理鍵やカードキーなど)を借ります(オペレーターを介さずにこれらの借用を行なうこともあります)。

通常、データセンターのサーバルームには携帯電話は持ち込めないため、連絡用のPHSなどをこのタイミングで借りることもあります。

サーバルームへ入室→作業→退室→鍵の返却→退館→事後作業

鍵を入手できたら、サーバルームへ入室してサーバ作業を行ない、鍵を返却して退館するだけです。

会社によっては報告書などの事後作業が必要な場合もあるでしょう。

*

データセンターでの作業が必要なケースを記載します。

データセンターでの作業が必要な例

- 物理機器の設置、移設、抜線、撤去(サーバやネットワーク機器など)
- 部品交換
- ベンダー作業の立ち合い
- リモート接続ができなくなった対象機器への操作
- セキュリティポリシーでリモート操作が禁じられている作業
- 重要なイベント時の立ち合い(たとえばサービスリリース日や元旦など)
- 定期機器確認
- 偉い人のデータセンター見学の立ち合い

etc…

データセンターで関わる人

データセンターで勤務している人は多いですが、利用者であるあなたが関わる人は基本的にあまり多くないでしょう。

通常作業時にデータセンターで接触する人

- 敷地入り口の受付窓口の人
- 建物入り口の受付窓口の人
- オペレーター(身分確認とサーバルームのカードキーの受領)

ちなみにIT業界に長くいると、過去に関わった技術者とデータセンターでぱったり出会うケースも稀にあります。

オペレーターとのやり取り

データセンターのサーバルームで作業するにあたり、オペレーターとやり取りする場合があるので、内容の一部を記載します。

オペレーターとやり取りする内容の例

・身分確認
・サーバルームのカードキーの受領
・サーバラックの鍵の貸与
・サーバラックの鍵を開けてもらう
・PHSなどの貸し出し
・工具の貸し出し
・作業時の机やイスの貸し出し
・作業時にアラートなど出た場合に会話するケース
・システム管理者への仲介(直接連絡できないケース)

etc…

内部構造

データセンターの内部構造はデータセンターによって千差万別ですが、基本的には下記のコンポーネントを備えています。

データセンターのコンポーネント

・受付施設、設備
・作業部屋、オペレーター待機室
・複数のサーバルーム
・オペレーションルーム(監視室など)
・倉庫
・機械室
・休憩室
・トイレ

受付施設

「**受付施設**」とは、敷地の出入り口の受付(存在しない場合あり)とデータセンターの建物に入る際の受付のことです。

「写真付き身分証明証」と「社員証」は最低限持参したほうがいいでしょう。
もし証明証を用意できない場合は事前に担当者に相談しましょう。

作業部屋、オペレーター待機室

「**作業部屋**」および「**オペレーター待機室**」とは、通常の社内ネットワークに接続された作業場所です。

ここは通常の社内のセキュリティレベルと同じなので携帯電話を持ち込めて、荷物を置けます。
オペレーターの待機室が一緒になっていることがあります。

オペレーションルーム(監視室など)

「**オペレーションルーム**(監視室など)」とは、サーバや機器のアラートやリソース使用状況を常にモニタして、チェックする場所となります。
重要な場所です。

倉庫

「**倉庫**」には、使っていないサーバなどの機器や部品、工具などさまざまなものが置いてあります。

機械室

「**機械室**」は、データセンターの空調や電源などの管理をする部屋です。

コンテナ型データセンター

「**コンテナ型データセンター**」とは、コンテナを用いて複数のサーバルームを形成するデータセンターのことです。

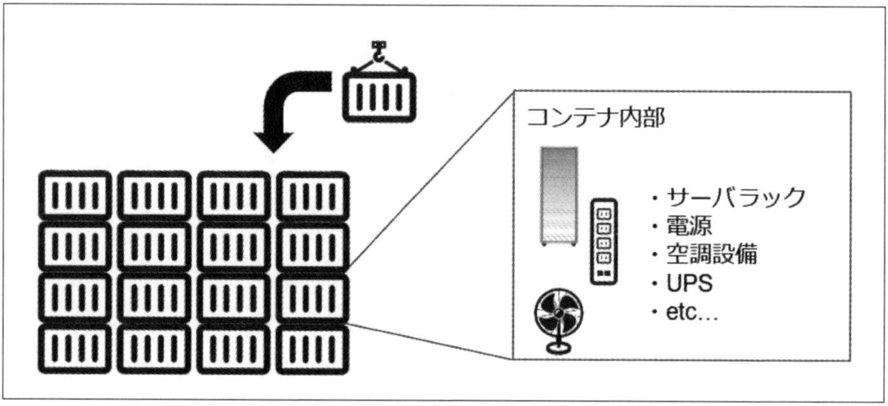

図4-2-2　コンテナのイメージ

コンテナ型データセンターの特徴

- 通常のデータセンターと比較して、短時間、低コストで構築できる
- 増設や移設が容易(たとえばコンテナごとトレーラーに載せて移設できる)

Column　3Dプリンタで作られたデータセンター

ドイツのハイデルベルクにある3Dプリンタで作られた建物が、データセンターとして使われることになったというニュースがありました。

そのニュースによると、たった140時間で建設が完了したそうです。

プリントには印刷用コンクリートが使われているそうで、100%再利用できるとのことです。

使い勝手や本当に再利用できるのかは未確認です。
もし興味があれば調べてみてください。

参考：
https://cafe-dc.com/design/construction-work-on-3d-printed-data-center-in-germany-completed/

4-3 管理

本節では、データセンターの管理に関するいくつかのトピックを記載します。

参考にしてみてください。

入退館管理

データセンターの入退館管理は基本的にすべてシステム化されています。

会社やデータセンターによって使い方やルールが異なりますので、事前によく確認しておきましょう。

機器管理(物理)

サーバや機器の物理的な管理については、「**QRコード**」(デンソー社)や、「**RFID**」(Radio Frequency Identification)、タグ、シールなどを用いて管理するのが一般的なようです。

よくある管理情報

- シリアルナンバー
- 型番
- 設置場所
- 機器の個数
- MACアドレス
- ケーブル類結線状況
- ラック番号
- コンセントバー利用状況

機器管理(論理)

機器管理(論理)の対象となる情報は、たとえば、サーバのOSの種類やバージョン、設定状況などの情報です。

小規模であればExcelやGoogleスプレッドシートでの管理でもいいでしょう。

中～大規模であれば専用のシステムを作るか、「**DEVICE42**」「**Lansweeper**」「**RackTables**」「**Nlyte DCIM**」などの、「**DCIM (データセンターインフラ管理) ソフトウェア**」を用いると管理しやすいでしょう。

データセンターのクラッキング

もしあなたがアメリカのスパイ映画のようにデータセンターに侵入しようと考えたとしたら、どうやって入りますか？

映画と違い、指紋や網膜など登録するようなデータセンターには筆者はこれまであまり入ったことがありません。
基本的に、「写真付き身分証」と「事前の申請」が通っていれば問題なくデータセンターに入れてしまいます。

つまり、不正にデータセンターに入りこもうと思ったら、データセンターに入ろうとしている人を拘束し「写真付き身分証」を剥奪し（あるいはコピーし）、写真を差し替えることで、なりすますことが可能です。
もっと言えば、「写真付き身分証」を偽造し、入館予定者よりも早くデータセンターに辿り着けば入れてしまうでしょう。

顔写真を撮って確認する仕組みが導入されたデータセンターであれば、家族などを人質に担当者をスパイとさせるという方法が取られるケースもあるかもしれません。

＊

つらつらと書きましたが、「人を拘束して写真付き身分証を剥奪し写真を差し替える」「写真付き身分証を偽造する」などという行為は、（基本的に）簡単にできることではありませんし、そもそも、データセンターに入る前から重大な犯罪行為を起こすことになってしまいます。

現実的にデータセンターに侵入するのであれば、そのデータセンターで作業をしているプロジェクトに参加して、作業の一環としてデータセンターに入るのが最も確実な侵入手段と考えられます（要するにスパイ行為）。

当たり前ですが、データセンターに不正な方法で侵入するのは違法なのでやめましょう。

クラッキングから守る側の視点

昨今、日本のIT予算は厳しく制限されているので、プロジェクトに参画する人間の人間性や社会的立場を詳細に確認することは現実的に難しいでしょう。

守る側の視点に立つと、スパイ行為でプロジェクトに参加してきた人を検知して排除することは非常に難しいように思えます。

＊

データセンターのクラッキングは、「**機械に対するアプローチ**」と、人間に対する「**ソーシャルエンジニアリング**」の２つの攻撃ルートが思い浮かびます。

入館システムの脆弱性を突く攻撃を事前に用意するのは通常難しいので、機械に対するアプローチはよほど杜撰《ずさん》なシステムでなければ心配する必要はないでしょう。

人間に対するソーシャルエンジニアリングに対抗する手段としては、チェックポイントを多く設けることとデータセンターの各種コンポーネントへのアクセス権限を厳密に管理することが有効だと思います。

ただし、チェックポイントが増えると利便性は低下します。

また、事後対応となってはしまいますが、入退室履歴の監査を厳密に行なうことでクラッキングの痕跡に気付ける可能性があります。

第5章

自宅ラボ

業務では、データセンターやサーバルームを手軽には利用できないことも多いことでしょう。
しかし、自宅ラボ環境であれば検証用でも本番用でも、自己責任の範囲において作るなり、壊すなり、変更するなり好き勝手にできます。
そのような環境である、自宅ラボ環境について本章では紹介します。

5-1 自宅ラボ環境

ここでは、自宅ラボ環境の説明とメリットやデメリットや特徴について解説します。
自宅ラボ環境の構築の際に参考にしてみてください。

自宅ラボとは何か？

「**自宅ラボ**(Home Lab)」は、個人が自分の家やオフィスなどの環境で、実験や学習のためにさまざまなIT関連の機器やソフトウェアを構築、運用するための環境を指します。
自宅ラボは、新しい技術やシステムの試用、スキルの向上や資格試験の準備、プロジェクトの実験、または単に趣味に使われます。

自宅にサーバを設置することにはメリットとデメリットが存在します。
通常考えられるメリットとデメリットは**表5-1-1**のようなものです。

表5-1-1　自宅にサーバを設置するメリットとデメリット

メリット	デメリット
完全な管理権限 自分でサーバを管理できるので、構成やセキュリティを完全に制御できます。	**騒音の問題** サーバは基本的にサーバルームで利用されるものなので、非常に大きな音を出します。 30〜60（dB）デシベル以上までさまざまです。 24時間60dB以上の音が出続けても問題ないかよく考えましょう。
カスタマイズ性 ハードウェアやソフトウェアの選択肢が広がり、ニーズに合わせてカスタマイズできます。	**セキュリティリスク** 自宅のネットワークにサーバを置くことで、外部からのセキュリティリスクが高まります（充分な対策が必要です）。
プライバシー クラウドサービスを利用しなければ、検閲の危険性はなく、自分のデータを自分で管理できます。	**運用コスト** 自宅サーバを運用するには電気代（ランニングコスト）やハードウェアの購入費用がかかります。
良質な学習環境 サーバの管理や運用を学ぶ良い学習環境となります。	**ネット接続速度の制約** 一般の家庭用回線では高速に大容量のデータをやり取りすることが難しい場合があります。
非インターネット依存 インターネットが利用できない場合でもデータにアクセスできます。	**ハードウェアの故障** 自宅サーバは自分でハードウェアのトラブルに対処する必要があり、手間と時間を要します。
スケジュールの自由度 自宅ラボ環境は仕事ではないので、設置や作業スケジュールを自分のペースで進められます。	**IPアドレスの変動** 一般の家庭用回線では、IPアドレスが定期的に変わることがあり、外部からのアクセスが難しくなる可能性があります。

自宅ラボの「サーバ」

通常業務ではパソコンにサーバ用OSを入れて運用することは少ないですが、自宅ラボ環境ではそのようなケースは多いです。

よって、**本章**の「サーバ」の表記にはパソコンにサーバ用OSを入れたものも含まれると考えてください。

自宅ラック

「**自宅ラック**」とは、サーバを収納するサーバラックを自宅に設置してサーバを運用するということです。

サーバラックはいろいろなサイズがありますが、自宅ラックの場合は比較的小型のラックを導入することが多いです。

自宅用の小型の19インチサーバラックはAmazonなど有名サイトで購入できるので、購入すること自体は特に難しくないでしょう。

図5-1-1 アマゾンにて「小型サーバラック」で検索した例

自宅にラックを設置するメリット、デメリット

自宅にラックを設置することによるメリットとデメリットを説明します。

表5-1-2　自宅にラックを設置するメリットとデメリット

メリット	デメリット
整理整頓 サーバラックは複数の機器を整然と配置でき、スペースの有効活用が可能です。 また、ラックを利用することでケーブル類も整然と取り回しできます。	**スペースの必要性** サーバラックは一般的に一般の家庭では比較的大きく、スペースを確保する必要があります。
冷却と換気 ラック内に冷却ファンや空調装置を組み込むことで、機器の冷却を効率的に行なえます。	**騒音の問題** 冷却ファンや空調装置が騒音を発生させます。
セキュリティ サーバラックは施錠でき、物理的なセキュリティを向上させることができます。	**予算の問題** サーバラックや関連する機器はコストがかかるため、予算の制約があります。
	メンテナンスの手間 機器の追加やメンテナンスが必要な場合、ラックを解体する手間がかかることがあります。
	電力と消費電力 多くの機器を一か所にまとめると電力の確保と消費電力の問題が生じる可能性があります。
	廃棄の問題 一般的にサーバラックを廃棄することは費用や時間や手間がかかり個人で行なうことは大変です。
	重量の問題 サーバラックには高密度に機器を収納できますが、重量が大きくなるので底が抜けないように注意が必要です。

＊

メリット、デメリットは個々の環境やニーズによっても異なります。

自宅にサーバラックを導入する際には、利用目的や予算、スペースの制約、冷却手段、セキュリティなどを多角的に検討し、慎重に計画しないと後悔することになるでしょう。

特に自宅に19インチラックを導入した場合、あまりに重すぎると床が抜けることがあるので特に注意したほうがいいです。

メタルラックの活用

「自宅でサーバを設置するとしても、19インチサーバラックの設置まではちょっと」という方は、「**メタルラック**」を導入することを検討してみてはいかがでしょうか。

メタルラックのカスタムに使えるパーツは100円ショップでも購入できるので、カスタムの敷居も低いです（OAラックの導入でもいいと思います）。

図5-1-2　メタルラックをGoogleで検索すると山のようにヒットする

＊

サーバラックとメタルラックを比較した場合のメタルラックの優位点をまとめます。

表5-1-2　メタルラックの優位点

低コスト	一般的にメタルラックはサーバラックより安いです。
汎用性	サーバはサーバを置くことに特化したサイズとなっていますが、メタルラックはさまざまな用途に利用できます。 たとえば上段には本を置き、下段にはサーバを置くなどの構成も可能です。
軽　量	一般的に19インチサーバラックに比べてメタルラックは軽いです。 つまり取り回しが容易になります。
拡張性	メタルラックは部品を増減させることによって構成の縮小や拡張が容易です。

管理資料作成の勧め

自宅ラボ環境の場合、仕事ではないので管理が杜撰《ずさん》になりがちですが、資料を用意して確実に更新することで自宅ラボ環境を快適に管理できるようになります。

作成をお勧めする資料

・ネットワーク構成図
・機器一覧
・OS、アプリケーション設定概要

停電対策

予期しない停電などに対応する手段がいくつかありますのでご紹介します。

停電対策の例

・無停電電源装置(UPS：Uninterruptible Power System)の利用
・バッテリを備えたノートPC型コンピュータの利用

機器を安く購入する方法

本書の読者諸氏には当たり前の情報かもしれませんが、念のため機器を安く購入する方法をいくつか記載します。

機器を安く購入する方法

・ヤフーオークションを活用する
・同様にメルカリを活用する
・同様に楽天ラクマなどのフリマアプリを活用する
・ジモティーを活用する
・秋葉原のパーツショップを巡る
・中古サーバ取り扱い業者に問い合わせる
・中古オフィス用品取り扱い業者に問い合わせる

自宅に仮想通貨マイニングマシンを置いてみた体験談

筆者は自宅に「仮想通貨マイニングマシン」(Baikal X10) を置いて利用していたことがあるので、そのときの体験談を紹介します。

図5-1-3　自宅にマイニングマシンを設置した

このマシンの動作時の騒音は75～80dB前後でした。

主にファンの回転音が大きく、あまりにうるさかったので発砲スチロールに入れてみましたが、それでもうるさかったです。

そのときは賃貸に住んでいたので、苦情が来るのが心配になったため夜中は停止させていました。

普通のサーバは電源を入れた直後が最もうるさいのですが、このマシンはそれ以上の騒音がずっと続くようなイメージです。

結局顛末《てんまつ》としては、電気代が高騰してマイニングの利益より電気代のほうが高くなってしまったので、マイニングマシンは売却してしまいました。

*

マイニングマシンの騒音はYouTubeに別の方が投稿されているので、気になる方は聞いてみてください。

https://www.youtube.com/watch?v=XIG0HWmXlo8

Column 逸般の誤家庭(ネットスラング)

「一般のご家庭」は普通の家庭のことを意味しますが、一般のご家庭にはあろうはずもない(ほど高価な)機器や業務用機器で構成されたシステムを自宅に導入した家庭のことを、(良い意味で)逸脱した誤った家庭、つまり「**逸般《いっぱん》の誤《ご》家庭《かてい》**」と呼びます。
仮に住んでいる人が男性1人だけだとしても家庭です。

「逸般の誤家庭」は基本的にネガティブな意味ではなく、ポジティブな意味で使われます。
とはいえ、人によって多少異なる意味合いで捉えられているケースもあります。
また、「逸般の誤家庭」はIT業界だけを指す言葉ではないことに留意する必要があります。

*

「逸般の誤家庭」に該当しそうなケースをいくつか記載します。

「逸般の誤家庭」の例

- 業務用の高額な機器を自宅に導入した
- 業務用の巨大な機器を自宅に導入した
- 業務用の高機能な機器を自宅に導入した
- 業務用の量の大量の機器を自宅に導入した
- 和室にサーバラックを設置した

5-2 維持費

本節では、自宅ラボを維持するのに必要な維持費について考えます。
個々の環境で維持費は異なりますが、参考にしてみてください。

維持費の内訳

維持費に含まれそうな項目を列挙してみます。

維持費の内訳

・電気代	・場所代
・水道光熱費	・ネットワーク利用料
・管理費	・ハードウェアメンテナンス費用
・細かい部品代	・人件費

電気の容量(アンペア数)

自宅で利用できる機器の上限は、「**契約アンペア数**」で決まります。
スペースの問題もありますが、契約しているアンペア内で部屋の広さ以上の機器を置くことは難しいでしょう。

目安として、1人暮らしは10〜20A、2人暮らしは30A、60A以上はオール電化や家族世帯数の多い家庭向けで、最も契約件数が多いのが30Aのようです。

アンペア数を求める式
電流(A)=電力(W)÷電圧(V)

必要なアンペア数の計算方法

たとえば、サーバのカタログで電源がMAXで700Wのものを積んでいた場合、サーバの消費電力は700Wまでは達しません。
利用状況によりますが、せいぜい300W程度でしょう。

電圧については、日本では基本的に100Vを利用することになります(一部の施設では200Vを利用することもあります)。

これらの情報を式に当てはめると、下記のようになります。

300W÷100V=3A

仮にサーバが5台あったとすると、3A×5台で15A必要と分かります。

30A契約していた場合は、ギリギリを狙うのであればサーバ10台(30A)を導入できる計算となりますが、現実的には余程の事情がなければそこまでギリギリの構成にすることはないはずです。

ちなみに、300Wの機器を1時間使ったときの電力量は300Whとなります。

年間にする場合は、24時間に365日をかけることで計算できます。

電気代

東京電力の「スタンダードSプラン」の場合、電力量1000Whで30円+基本料金となります。

電力量によって料金は上がっていきますが、この上昇と基本料金を無視するとして、300Wのサーバ5台を1日使った場合の電気量は、300W×5台×24Hで36,000Whとなり、電気代は1,080円+基本料金となります。

自宅ラボが手狭になったら

自宅ではアンペア数や広さなどの環境から制限があります。

つまり、機器を増設するにしても限界があります。

サーバルームの説明でも記載したように、自宅ラボが手狭になった場合にどうしたらいいか、いくつか案を記載します。

自宅ラボが手狭になった場合にとる対応例

- 既存機器を集約する(数を減らす)
- 新しい機器を導入し集約する(数を減らす)
- 不要機器を廃止する(数を減らす)
- 新しい部屋を借りる(分散させる)
- レンタルサーバを活用する(外部リソースを利用する)
- クラウド環境に移行する(外部リソースを利用する)
- データセンターを契約して移行する(質を変える)

第6章

ストレージ

普通にパソコンを使っている人にとってストレージといえば、パソコンに内蔵されているSSD、もしくはHDDを思い浮かべると思いますが、サーバ用途のシステムの場合はさまざまな理由から外部にあるストレージを利用するケースが多くなります。

本章では、主にそのような外部接続ストレージについてご紹介します。

6-1

ストレージとは

ここではストレージの概要を説明します。

実際にストレージを使う際にどれを使えばいいか判断材料にしてみてください。

ストレージとは何か？

「**ストレージ**」とは大雑把に言うとデータの入れ物で、「**内蔵ストレージ**」と「**外部ストレージ**」があります。

本書では主に外部ストレージについて解説します。

＊

外部ストレージには、通常のサーバとは異なるデータの入れ物に特化した機能や概念があります。

内蔵ストレージは、HDDやSSDのほかにFDD、DVD、Blu-rayやテープドライブなど、さまざまな種類があります。

なお、本書ではRAIDについては特に説明しません。

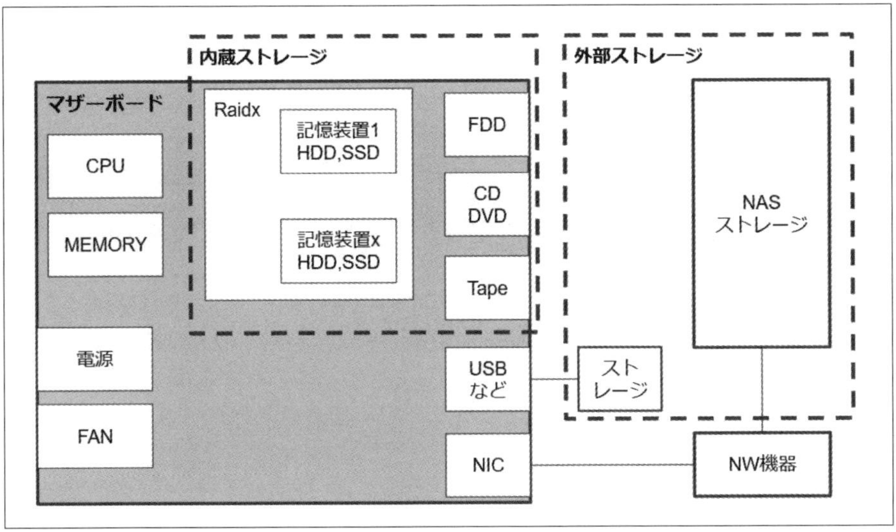

図6-1-1　内蔵ストレージと外部ストレージ

外部ストレージの接続形態(物理的観点)

外部ストレージの接続形態は、「**DAS**」(Direct Attached Storage)、「**NAS**」(Network Attached Storage)、「**SAN**」(Storage Area Network)があります。

DASには、FDD、DVD、Blu-ray、テープドライブ、USBメモリ、外付けHDD、外付けSSDなどがあります。

本書では外部ストレージの中でも、NASとSANの形態で接続されるストレージについて主に解説します。

以降本書では、記載がない場合、ストレージはNASまたはSANを指すこととします。

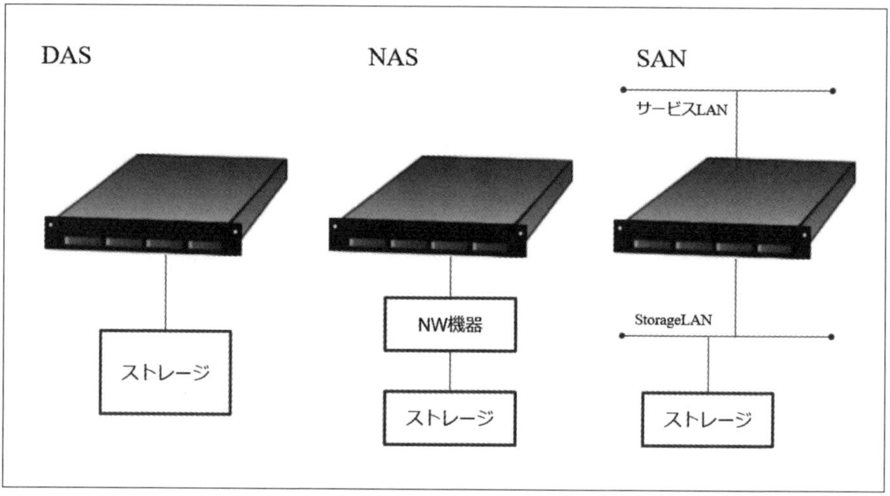

図6-1-2　DAS、NAS、SAN

ほかのサーバの内蔵ストレージをストレージ代わりに使う

SMB/CIFSやNFSプロトコルを使うことによって、ほかのサーバ(の内蔵ストレージ)をストレージ代わりに使うこともできます。

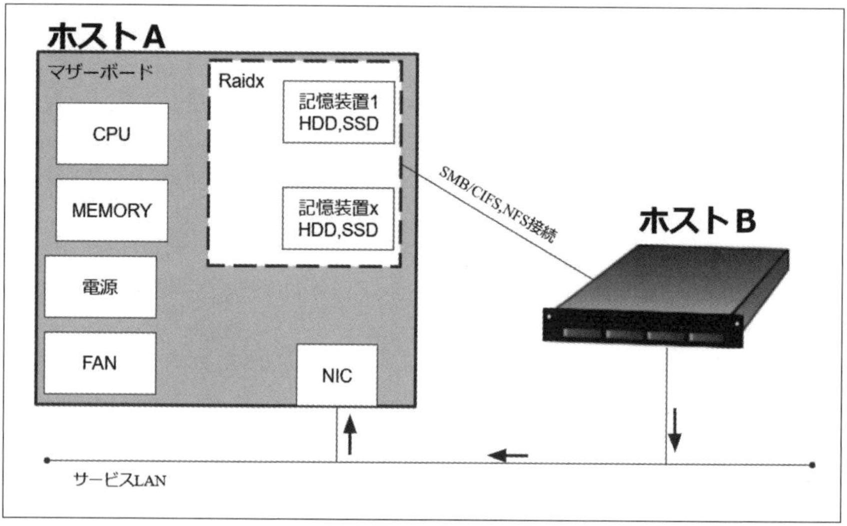

図6-1-3　ほかのサーバの内蔵ストレージの一部をストレージ代わりに使う

ストレージ製品例

本項では、家庭用NASをいくつかご紹介します。

家庭用、業務用と言っても、家庭用NASを業務用に使ってもいいですし、その逆も問題ありません。

価格帯としては、家庭用NASは数万から数十万まであり、業務用は数十万から数千万、数億円までと幅広くあります。

BAFFALO社LinkStation

家庭用NASです。

「**TeraStation**」という法人用NASもあります。

I・O DATA社LAN DISK

家庭用NASです。

法人用のNASも「**LANDISK**」という同じ名前です。

QNAP社TS-XXX

QNAP社では、家庭用NASから業務用NASまで、さまざまな種類のNASを扱っています。

Synology社Value、Jシリーズ

Synology社もQNAP社と同様に、家庭用NASから業務用NASまでさまざまな種類のNAS製品を扱っています。

Synology社のNASでは、Synologyが独自開発したNAS用OS「**DiskStation Manager**(DSM)」を採用し、管理が容易になっています。

図6-1-4　筆者が自宅で使っている「DS216J」

ストレージ製品導入のメリット、デメリット

ストレージを導入するメリットとデメリットをまとめます。

対象のストレージ製品や利用環境によってストレージ導入の効果は変わるので、注意してください。

表6-1-1　ストレージのメリットとデメリット

メリット	デメリット
高性能 一般的にストレージ用途に特化しているので通常サーバへのアクセスより高速です。 また、ストレージ用途に特化したバックアップやレプリケートなどの特有の機能を利用できます。	**費用** 導入に際しコストがかかります。 また独立した筐体なので、運用コストも増えます。
スケーラビリティ 一般的にストレージ製品は容量を拡張しやすい設計となっています。	**スペース** 導入に際し、サーバとは別にスペースが必要となります。
冗長性 一般的にストレージ製品はデータ保護のための冗長性をもっていて、障害に強い構成となります。	**学習コスト** ストレージは専用環境であることが多いので、学習コストが発生します。 また、専用構成ゆえに障害時の復旧が難しくなる場合があります。

ストレージのパフォーマンス(IOPS、レイテンシ、スループット、容量)

通常サーバのパフォーマンスを確認する場合、CPU、メモリ、HDD使用量などを重視すると思いますが、ストレージの場合はそれらに加えIOPS、レイテンシ、スループットなどを重視します。

表6-1-2 通常のサーバとストレージで主に注視する部分

通常のサーバ	ストレージ
CPU使用量	CPU使用量
メモリ使用量	メモリ使用量
HDD使用量	ストレージ使用量
ネットワーク使用量	ネットワーク使用量
OSログ	ストレージ機器ログ
アプリログ	IOPS
	レイテンシ
	スループット

IOPS

「**IOPS**」とは「Input Output Per Second」の略で、1秒あたりのデータの読み書きができる回数のことです。

数値が高いほど性能が高いことを意味します。

参考例として2024年現在、高価なストレージでIOPSは100K（1秒間に10万回）の性能をもつものがあります。

IOPSが100Kとは性能は高いですが、ストレージの世界では極めて早いというわけではないというレベルです。

＊

当然ですが技術が進歩することでIOPSは増加していくでしょう。

別の参考例として、Netapp社の「**E5700**」という製品が最大100万IOPSをうたっています。

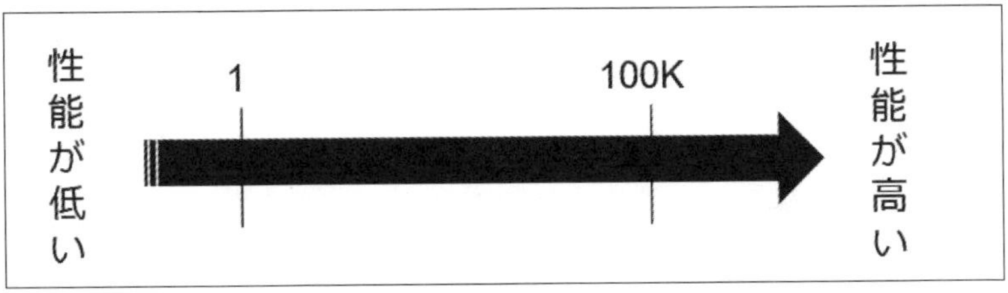

図6-1-5 IOPSは数値が大きいほど性能が高い

レイテンシ

「**レイテンシ**」とは、機器間でデータの送信要求を出してからデータが届くまでの待ち時間のことです。

日本語にするとレイテンシは「待ち時間」や「遅延」です。

待ち時間なので、レイテンシが大きいほど遅いことを意味します。

＊

レイテンシはミリ秒（ms）で表わし、一般的な利用では100ms以下が望ましいでしょう。

ストレージとは少し離れますが、たとえばWebサイトを開こうとして3000ms（3秒）応答が返ってこなければ、明確に遅いと感じるでしょう。

他の例としては、ping応答が20ms以上になると処理に遅延を感じるかもしれません。

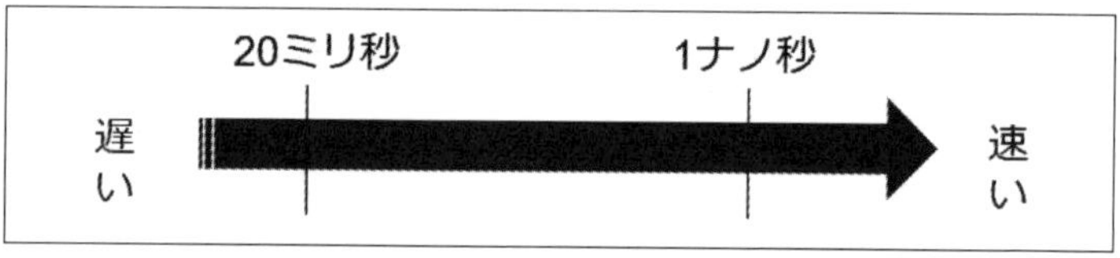

図6-1-6　レイテンシは数値が小さいほど応答が速い

スループット

「**スループット**」とは、単位時間当たりのデータ転送量のことです。

1秒あたりのデータ量（ビット）で表わします。

参考例として、Netapp社のE5700という製品が最大21GB/sのスループットをうたっています。

ほかの例としては、ストレージとは離れますが、家庭向けのネットワークで光回線がスループット1Gbpsをうたっています。

これは1秒間に1Gビットを転送する性能があることを意味します。（1Byte=8bit）

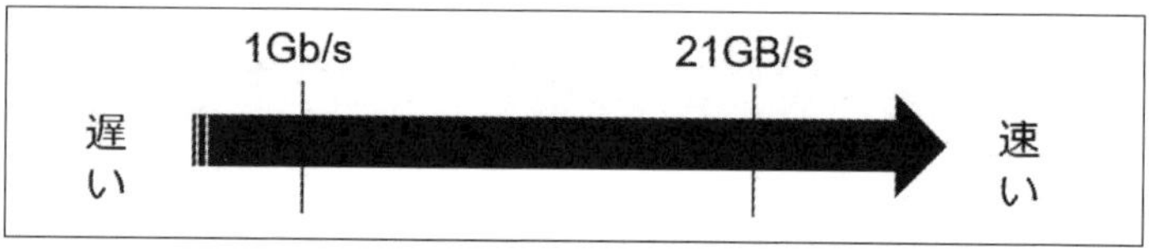

図6-1-7　スループットは大きいほど速い

ストレージの階層化(ティアリング)(Tier1,2,3)

ストレージには、**「階層化」**(Tiered Storage)という論理的概念があります。

階層は「**Tier**」で表わされ、Tier1には高速で高頻度アクセスに耐えられる製品を利用し、反対にTier3には低頻度、低速かつ高容量の製品が用いられます。

大雑把に言うと、アクティブなデータはTier1に置き、滅多に使わないが消せないデータやバックアップはTier3に置くというイメージです。

表6-1-3　Tierと速度、容量などの関係

	アクセス頻度	速　度	容　量	コスト
Tier1	頻度:高	高　速	比較的少容量	高　い
Tier2	⇕	⇕	⇕	⇕
Tier3	頻度:低	低　速	比較的大容量	安　い

＊

Tier1で利用されるストレージ製品には、たとえば下記のようなものがあります。

なお、会社や業務内容や要件によってTier1に要求される条件が変わるので、あくまでも参考として見てください。

たとえば、ある案件ではTier2として扱われていたストレージが、別の案件ではTier3として扱われることもあります。

Tier1で利用されるストレージ製品の例(メーカー別)

1.EMC(Dell EMC)
　EMC Unity
　Dell EMC PowerMax

2.NetApp
　NetApp FASシリーズ
　NetApp AFFシリーズ

3.IBM
　IBM DS8000
　IBM Storwize V7000

4.HPE (Hewlett Packard Enterprise)
HPE Alletra (Nimble Storageの後継)
HPE Primera (3parの後継)

5.Pure Storage:
Pure Storage FlashArray

6.Hitachi Vantara:
Hitachi Virtual Storage Platform (VSP)

ストレージタイプ(アプライアンス、SDS、クラウドストレージ)

サーバにもある程度パターンがあるように、「**ストレージタイプ**」もいくつかのパターンに分類されます。

アプライアンス

専用筐体、専用構成を用いたストレージです。

多くの場合、専用OSが用意されているので、操作の熟練には大きな学習コストがかかります。

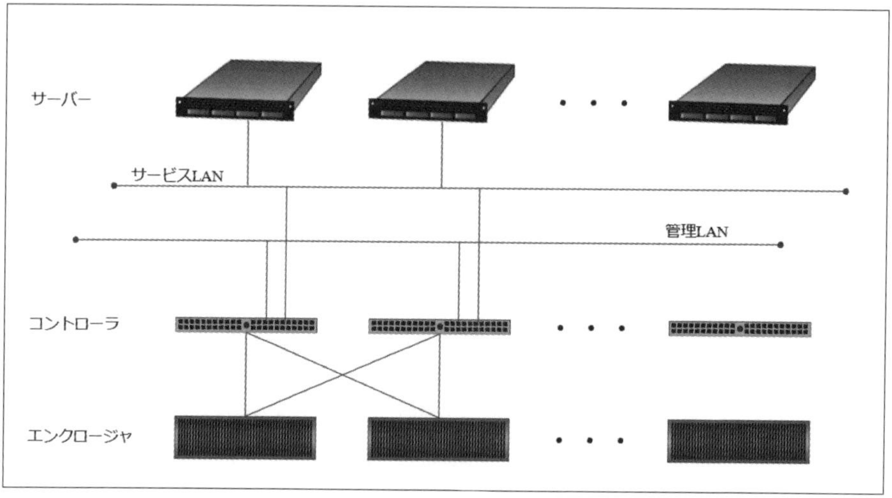

図6-1-8　アプライアンス型

SDS (Software Defined Storage)

汎用サーバの内蔵ディスクを束ねて、Pool《プール》のように利用するものです。

ストレージといっても個々は汎用サーバなので、OSも普通のWindows ServerやLinuxなど汎用的なものとなり、比較的学習コストは低くなります。

接続元のクライアントには、SDSにアクセスするために対応したソフトウェアを導入します。

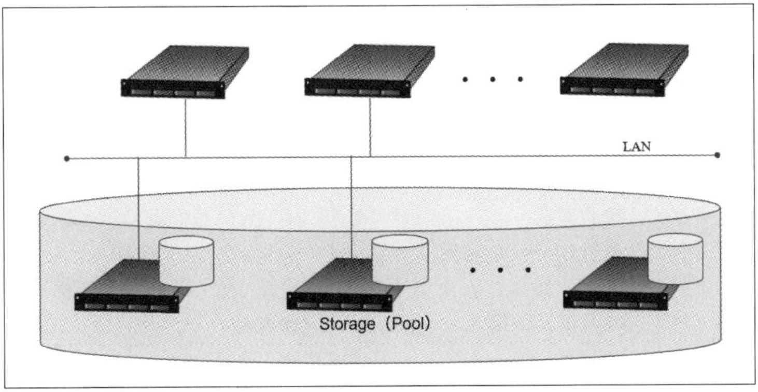

図6-1-9　SDS

クラウド

文字通り、クラウド上のストレージです。

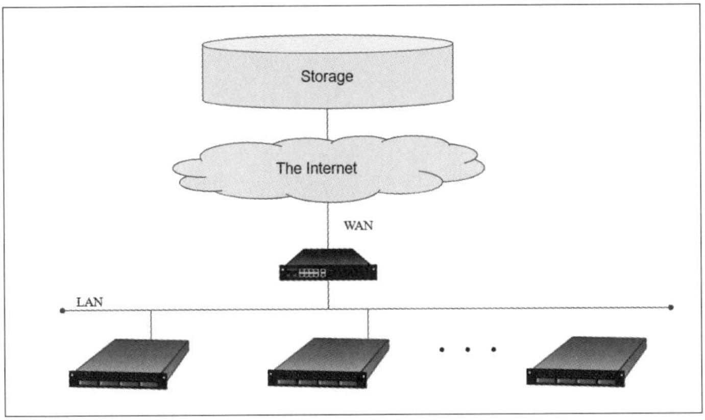

図6-1-10　クラウド上のストレージ

それぞれのメリットとデメリットを簡単にまとめます。
とはいえ、製品や環境によってメリットとデメリットは異なります。

表6-1-4 ストレージタイプごとのメリットとデメリット

	メリット	デメリット
アプライアンス	・専用筐体のため、一般的に最も処理が高速でパフォーマンスが出る ・ベンダーサポートが手厚い ・高度な機能を利用できることがある	・専用構成なので高い。保守費も高い ・専用OSのため学習コスト、管理コストがかかる ・障害時の対応がベンダー頼りになり復旧まで時間がかかることがある
SDS	・SDSを構成するのは普通の汎用サーバなので管理が比較的容易 ・汎用サーバを利用しているので一般的にアプライアンス型より安価	・論理障害が発生した時に復旧が難しい場合がある ・HW故障が個々の筐体品質に依存する ・構成によっては障害に弱くなることがある
クラウド	・導入が容易 ・データ容量上限を簡単に増やせる ・バージョンアップなど一部の管理が不要	・データを検閲される可能性がある ・保管場所の国の法律の影響を受ける ・利用方法を誤ると利用料が高額になる ・インフラ側の障害時に手が出せない場合がある

ストレージタイプ選定チャート

ストレージタイプを選定するにあたり、参考とするチャートを載せます。迷ったら参考にしてみてください。

環境や構成、要件によって異なる結果となることがあります。

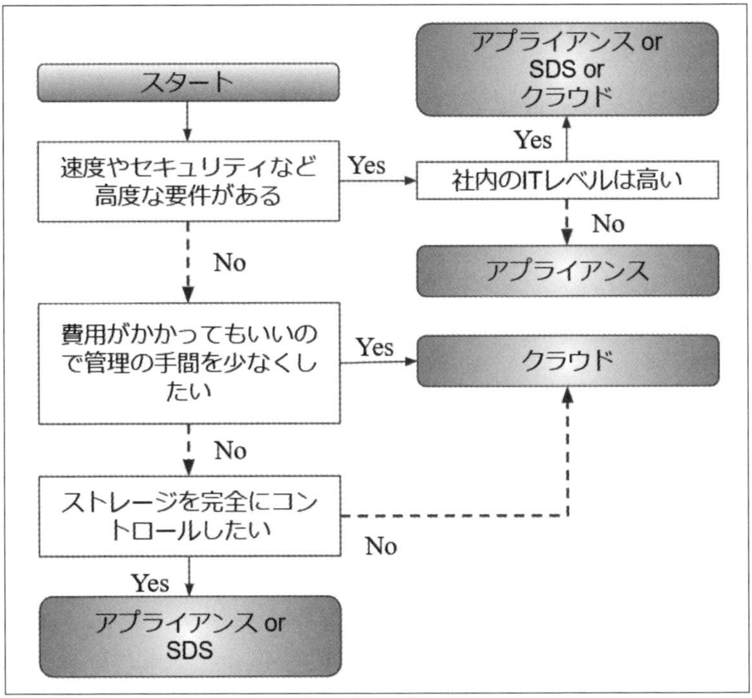

図6-1-11　ストレージ選定チャート

データの格納方式(ブロック、ファイル、オブジェクト)

ストレージタイプとごっちゃになりそうですが、「**データの格納方式**」によって種類が分かれます。

1つのストレージで領域ごとに複数の格納方式を構成することもできます。

データの格納方式

・ファイルストレージ
・ブロックストレージ
・オブジェクトストレージ

ファイルストレージ

データをファイル-ディレクトリのような構造で保存するストレージを「**ファイルストレージ**」と呼びます。

最小単位は「ファイル」で、「論理ボリューム名+フォルダ名(ディレクトリ名)+ファイル名」、すなわちパスによって格納場所を特定できます。

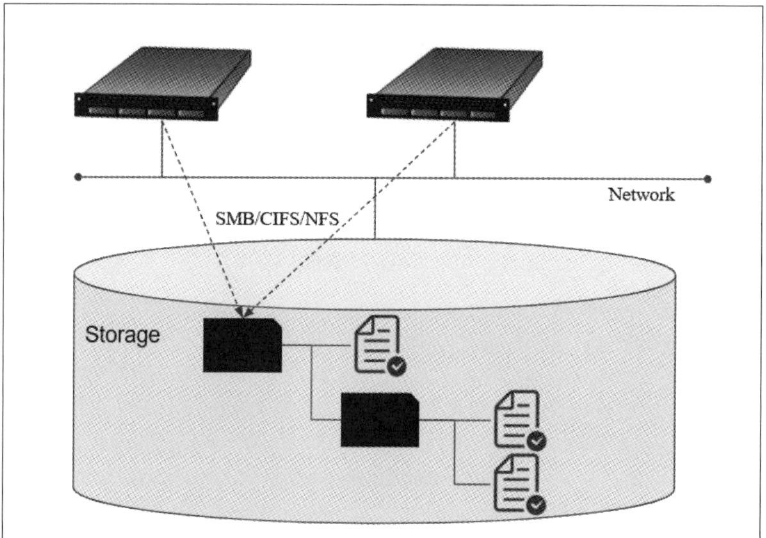

図6-1-12　ファイルストレージ

ファイルストレージを使うまでの流れ

ストレージ側
・物理ディスクの用意(Raidなど含む)
・Block Deviceの構成
・LVM (Logical Volume Manager) の設定 (論理ボリュームの設定とボリュームグループの設定)
・ファイルシステムの設定(パーティション作成含む)
・共有設定

クライアント側
・クライアント側から接続(マウント)。Windowsであればネットワークドライブの接続など。
・ファイルの読み書き

ブロックストレージ

「**ブロックストレージ**」とはデータをファイル単位ではなく、もっと細かい「**ブロック**」という単位で保存するストレージです。

最小単位は、論理ブロックを固定長に分割したブロック1個です。
「論理ボリューム名+ブロック番号」によって格納場所を特定できます。

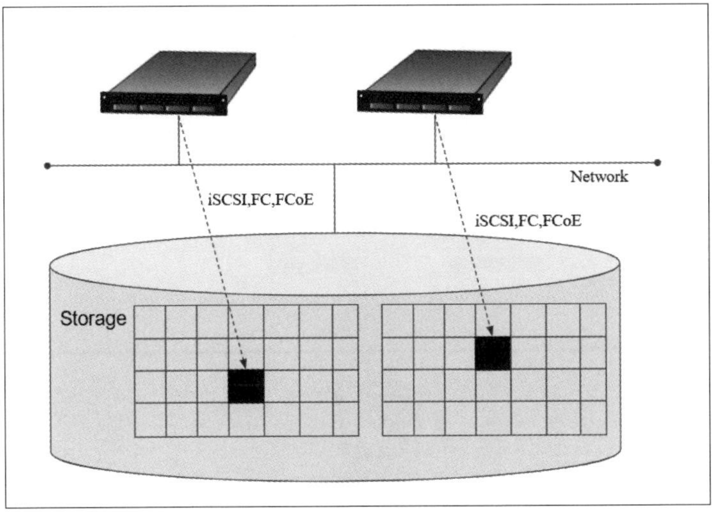

図6-1-13　ブロックストレージ

ブロックストレージを使うまでの流れ

ストレージ側
- 物理ディスクの用意(Raidなど含む)
- Block Deviceの構成など(Windowsであればiscsiターゲットの設定など)

クライアント側
- クライアントからアタッチ(Windowsであればiscsiイニシエータの設定など)
- LVM (Logical Volume Manager)の設定(論理ボリュームの設定とボリュームグループの設定)
- ファイルシステムの設定(パーティション作成含む)
- クライアント側から接続(マウント)
- ファイルの読み書き

＊

ブロックストレージの領域を複数のクライアントから利用する場合は、正しく「**排他制御**※」された状態で書き込みを行なわないと領域が破損するので注意してください。

> ※あるデータをユーザーやプログラムが書き換えているときに、書き換えが終わるまでほかのユーザーやプログラムがそのデータを書き換えたりできなくする仕組みのこと。

オブジェクトストレージ

「**オブジェクトストレージ**」はデータをオブジェクト単位で扱うストレージです。

最小単位は「**オブジェクト**」です。

オブジェクトは具体的な格納場所の情報はもっていませんが、「メタデータ+オブジェクトID」によってデータにアクセスできます。

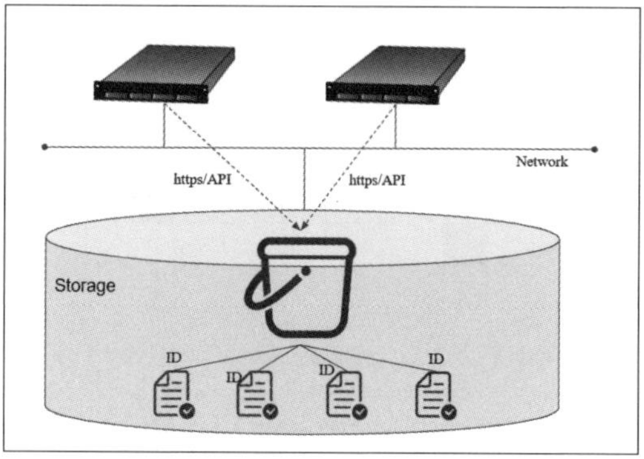

図6-1-14 オブジェクトストレージ

オブジェクトストレージを使うまでの流れ

ストレージ側

・物理ディスクの用意(Raidなど含む)
・領域(多くの場合、バケットと呼ばれる)の構成など
・API用のインターフェースの準備
・名前解決のためのDNS登録

クライアント側

・API (GUI、CUI) やWebGUIを利用したファイルの読み書き

データ格納方式選定チャート

「**データ格納方式**」を選定するにあたり、参考となるチャートを載せます。迷ったら使ってみてください。

なお、環境や構成、要件によって異なる結果となることがあります。

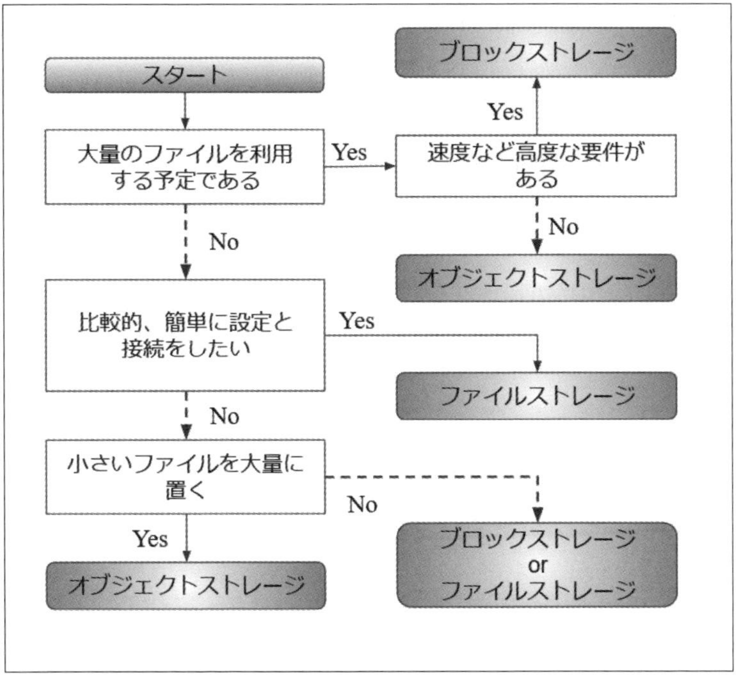

図6-1-15　データ格納方式選定チャート

Infiniband

ストレージとの接続は、LANケーブルによるものとFCケーブルによるもの、そしてもう一つ、「**Infinibandケーブル**」によるものがあります。

と言っても、Infinibandケーブルの形状自体は独自のものですが、Infinibandケーブルの内部的にはLANケーブルと同様のメタルケーブルと、FCケーブルと同様の光ファイバ(ガラス)を用いたケーブルのどちらも存在します。

Infinibandの特徴は、「超高速(高帯域幅)」「低レイテンシ」「(比較的)低価格」です。
Infinibandは IBと略されることがあります。
また、Infiniband自体の規格は2000年に策定された規格なので歴史は意外と長いです。

超高速

Infinibandの規格はいくつかありますが、規格上の速度としては2Gbps～300Gbpsまであり、FCケーブルの規格である1Gbps～32Gbpsと比較しても超高速であることが一目瞭然でしょう。

RDMA

Infinibandには「**RDMA**」(Remote Direct Memory Access)という、リモートコンピュータのメモリにDMA(Direct Memory Access)転送する機能が含まれており、これが超高速アクセスを実現する重要な技術の一つです。

もう少し噛み砕いて書くと、RDMAはCPUのリソースを使わず、ハードウェア(メモリ)が直接ネットワーク先のメモリにアクセスできます。

低レイテンシ

レイテンシ(遅延)は環境によっても大きく異なりますが、Infinibandの遅延としては1マイクロ秒以下という値が参考になります。

比較的低価格

LANケーブルと同じメタルケーブルの構造をもったケーブルを使うこともできるので、低価格です。

Infinibandの弱点

説明だけ聞くと、「なんだ、じゃあ全部Infinibandでいいじゃないか」と考えると思いますが、Infinibandにもいくつか弱点があります。

*

一つめの弱点は、メタルケーブルで高速の規格を採用した場合、使える長さが3mになってしまうことです。

ただし、この弱点は光ファイバのケーブルを利用することで克服できます(低価格のメリットは薄れますが)。

二つ目の弱点は、HPC (High Performance Computing) 以外の分野ではLANケーブルやFCケーブルと比較してあまり普及していないことです。

とはいえ、AIの分野ではInfinibandが常用、多用される(されている)ので、今後はさらに普及していくことでしょう。

もう一つ、弱点とは言い切れませんが、Infinibandに関連する機器の供給ベンダーが歴史的経緯からMellanox社に偏っていることも念のため記載しておきます。

表6-1-5　Infinibandのスループット(単位はすべてGbps。ロードマップ上の理論値)

	SDR	DDR	QDR	EDR	HDR	NDR	XDR	GDR	LDR
x1	2	4	8	25	50	100	250	400	800
x2	-	-	-	-	100	200	500	800	1600
x4	8	16	32	100	200	400	1000	1600	3200
x12	24	48	96	300	600	1200	3000	4800	9600

「x1」はレーン数(データをやり取りする経路の数)を表わしていて、「x12」は12レーンという意味です。

GDRは2026年以降、LDRは2030年ごろを目途にしたロードマップ上の理論値となっています。

いずれにせよ今後もIBTA (InfiniBand Trade Association) の動きは注目すべきでしょう。

ストレージの拡張

コントローラやディスクシェルフを増やすことで全体の処理能力を向上させることを「**スケールアウト**」と言います。

反対に、コントローラやディスクシェルフを減らして処理能力を下げることを「**スケールイン**」と言います。

また、コントローラやディスクシェルフを最新の機種などに変更したり、メモリやディスクを増設したりすることで処理の能力を向上させることを「**スケールアップ**」と言い、逆のことを「**スケールダウン**」と言います。

ストレージ製品によってスケールアウトやスケールアップの対応状況は異なるので選定の際は注意したほうがいいでしょう。

また、たとえばスケールアウトに対応していても、機器の再起動が必要などの制約も製品によって異なります。

6-2 ストレージの機能

本節ではストレージ特有の機能について紹介します。

ここで紹介しているもののほかにも、キャッシュ、暗号化、圧縮、クオータ制御など多数あるので興味があったら検索してみてください。

スナップショット

「**スナップショット**」(SnapShot)の機能は、スナップショットを実行した時点のデータの状態を一瞬でコピーするように見える仕組みです。

実際は、スナップショットを実行した時点以降の「差分データのみ」を保存しているだけです。

仮想サーバのバックアップソフトの仕組みなどで利用されたり、データのリストアで利用されたりします。

注意点としては、スナップショットはあくまで差分データを取得しているに過ぎないのでバックアップとは異なるという点が挙げられます。

スナップショット≠バックアップ

レプリケーション(複製)

「**レプリケーション**」(Replication)の機能は、簡単に言うと強力で便利にレプリカ(複製)を作れるというものです。

通常のOSのコピーコマンドでもコピーを作ることはできますが、ストレージのレプリケーション機能を使うことでより簡単に、(コピーコマンドより)高速かつ低負荷でレプリカ(複製)を作ることができます。

レプリカ(複製)を作ることを「同期する」と呼ぶこともあります。

重複排除

「**重複排除**」(De-duplication) の機能は、ハードウェアがデータの中身を比較して、重複するデータは多重で保持しないようにする仕組みとなります。

たとえば、中身が同じファイルが1万個あったとしても、重複排除の機能があれば、実際に消費するストレージの領域はファイル1個分だけです。

まれに、ソフトウェアで重複排除の機能を実装しているものがありますが、ストレージの重複排除はハードウェアの機能を利用しているので低負荷かつ高速です。

マルチパス

「**マルチパス**」(Multipath) は、サーバとストレージ間で複数 (マルチ) の物理パス(経路)を提供し、冗長性と性能の向上を実現する技術(機能)です。

Fibre ChannelやiSCSIなどのプロトコルで利用されます。

具体的には、サーバにマルチパスのソフトウェアを導入し、複数の物理パス(経路)を認識させるような設定を行ない利用します。

マルチパスを設定することで、いくつかのパスが何らかの原因で切れたとしても瞬時に別のパスの切り替わることでサービスに影響が出ることを防ぎます。

6-3 ストレージ製品の導入

ここでは、ストレージ製品の導入にあたり、全体の流れについてご説明します。実際に製品を導入する際の参考にしてください。

ストレージ導入の流れ(オンプレミス)

要件定義からストレージ製品の選定を行ない、次にストレージの導入フェーズとなります。

ストレージを導入する際のフロー例を**次図**に示します。

会社や業務内容、製品などの条件でフロー内容が変わることがあります。

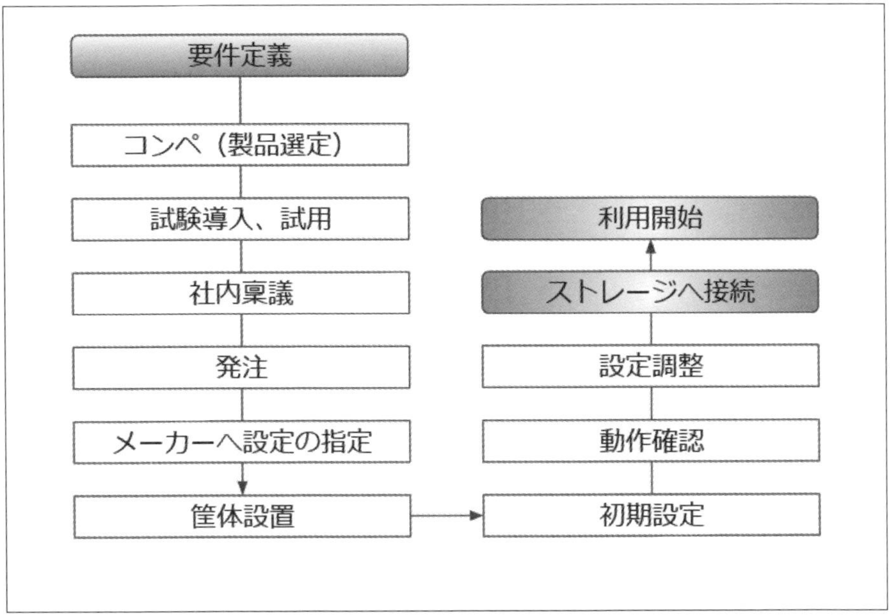

図6-3-1　ストレージ機器の導入フロー例

ストレージへの接続(プロトコル)

ストレージを利用するためには当然ですが、ストレージに接続しなければなりません。

ストレージ接続する際に利用するプロトコルについて記載します。

接続プロトコル

ファイルストレージ
・CIFS/SMB
・NFS

ブロックストレージ
・iSCSI
・FC (Fibre Channel)
・FCoE (Fibre Channel over Ethernet)

オブジェクトストレージ
・RestAPI (https)

その他
・独自プロトコル

ストレージの管理

ストレージの導入が終わると、運用フェーズに入ります。

日々のストレージの管理項目を列挙します。

ストレージの管理項目

利用者の受け付け	ストレージを利用したい人の対応を行ないます。
問い合わせ対応	ストレージ利用者の問い合わせに対応します。
パフォーマンス管理	CPU、MEMORY、ストレージ使用量、IOPS、レイテンシ、スループットなど必要な項目を把握します。 実際には監視設定を行ない、閾値を超えた場合はアラートを受け取って対応することになるでしょう。
ログ管理	ログでエラーや問題となりそうなものが記録されていないか把握します。
状態管理	ハードウェアに問題がないか把握します。
セキュリティ管理	脆弱性の確認、バージョンアップ、セキュリティパッチの適用を行ないます。
棚卸し	利用状況について、定期的に棚卸しを行ないます。

6-4 ストレージ障害と対応例

ストレージも消耗品なので、必ずハードウェアの故障や障害は発生します。本項では筆者が体験した故障や障害例を紹介します。

ディスク障害

「**ディスク障害**」はその名の通り、ストレージが搭載するディスクが故障する障害です。

ひとえにディスク障害と言っても、障害にはいくつかパターンがあります。

表6-4-1　ディスク障害のパターン

障害のパターン	詳　細
パターン1： 単純ディスク故障	ディスクが故障してOSから認識しない状態です。 故障が発生した時間帯には、読み書きエラーやIO遅延など、利用するサーバ側にログが出ることがあります。
パターン2： ディスク故障予兆	ディスクの読み取り書き込みでエラーは発生していますが、OSからは認識している状態です。
パターン3： 複数ディスク故障	複数のディスクが故障している状態です。 もしRaid5で2本以上のディスクが壊れた場合は、再構築が必要となります。 通常、ストレージは大量のディスクを積んでいるので、(構成にもよりますが)複数ディスクの故障に耐えます。
パターン4： Raidカード故障	Raidカードが故障した場合は、OSが落ちて起動しなくなるケースが多いです。 このような場合は、Raidカードやマザーボードを交換すれば復旧することが多いでしょう。
パターン5： ディスク故障による論理障害	Raidやスペアディスクが存在する構成の場合、ディスクが壊れると別のディスクが割り当てられ利用されますが、まれに別のディスクが正常に割り当たらないことがあります。
パターン6： 交換したディスクが正しく認識されない データの同期、リバランスが終わらない	この場合の対応は厄介なことが多く、往々にしてストレージの再起動が必要になることが多いです。

ディスク障害はそもそも必ず発生すると想定されている障害なので、対応は比較的容易でしょう。

コントローラ障害

アプライアンスのような、コントローラとエンクロージャー(ディスク)の構成をとるストレージでは、コントローラが障害を起こすことがあります。

通常、業務用のストレージの場合、複数コントローラが存在しているので、複数のコントローラのうち、正常なコントローラに制御を切り替えて、故障したコントローラを修理・交換することで障害から復旧します。

制御の切り替えが正常に行なわれる限り、特に大きな問題とはなりません。

論理障害

論理障害は、ハードウェア故障などの何らかの要因でストレージ内のデータに論理的な問題が発生している状態です。

チェックディスクやfsckをかけるだけで回復することもあれば、ツールで何らかの処理を施さなければ回復しないケースなどさまざまです。やっかいな障害です。

空き容量不足

空き容量不足もメジャーな障害です。

基本的に適切に監視をしていれば空き容量がゼロになる前に対応できますが、さまざまな原因で空き容量がゼロになってしまう場合があります。

ここでは空き容量がゼロになる原因と、空き容量不足が発生した場合の対応例を紹介します。

表6-4-2　空き容量不足の原因と対応例

原　因	対応例
監視設定誤り	監視設定の是正
突発的な大量データの書き込み	システムの見直し
Quataによる制限到達	利用者へファイル削除の依頼やQuata設定の見直し
シンプロビジョニングによるディスクの100%使用	システム設計と監視の見直し

空き容量がゼロになりファイルの削除すらできなくなった場合は、既存の不要なファイルに小さいデータを上書きすることで空き容量を発生させることができます。

ファイル数上限

ストレージの空き容量に達していなくても、対象ファイルシステムのファイル数の上限に達している場合にデータの読み書きができなくなる障害です。

発見が遅れるケースは多いですが、ファイル数を減らせばいいだけなので比較的対応が容易な障害です。

ファイル名(パス含む)が長すぎる

パスを含むファイル名が長すぎるせいでファイルの読み書きができなかったり、挙動がおかしくなったりする障害です。

この障害も発見が遅れたり、原因を特定したりすることに時間がかかることはありますが、パスを含むファイル名を短くすればいいだけなので比較的対応が容易な障害です。

この障害で厄介な点は、ファイルシステムやファイル名(パス含む)で使っている文字の種類(半角・全角・日本語・英語など)や環境によって問題となる長さが変わってくることと、不具合の挙動が状況によって異なる点です。

ファイルを開けなくなったり、ファイルを保存できなくなったり、挙動がおかしかったりなど、「発生する障害内容はこれである」といった影響をはっきりと言えません。

電源障害

通常業務用途のストレージは2個以上の電源を備えているので、1個電源が故障しても影響はありません。

LAN、FCケーブル障害

LANやFC (FibreChannel、光ファイバ) ケーブルの故障によって発生する障害です。

この障害は、ネットワークのエラーカウントの確認やFCケーブルの光量の確認などによって把握できますが、原因に至るまでに高度な切り分け技術が必要となるので、厄介な障害です。

基本的にはケーブルの交換によって回復できますが、ケーブルが抜けかかっている場合は正しく差し込むだけで回復し、FCケーブルでは先端をクリーナーでクリーニングするだけで回復することもあります。

特にFCケーブルはLANケーブルと比較して曲げに弱いので扱いには注意しましょう。

FCケーブルを通る光量は高すぎても低すぎても問題となります。

ちなみに、FCケーブルが挿される側の部品を「**SFPモジュール**」と呼びます。

SFPはSmall Form-factor Pluggableの略で、「**光トランシーバ**」と呼ばれることもあるようです。

FCケーブルの種類

「**光ファイバ**」はガラスやプラスチックなどの素材で作られていて、光信号がコア内を反射しながら通って伝わっていき、相手と通信します。

光信号の伝わり方によって、モードと呼ばれるものが定義されていて、大きく「**MM**」(**マルチモード**)と「**SM**」(**シングルモード**)があります。

MMは伝送損失が大きいので短距離に向いていて、SMは長距離に向いています。

コアの大きさはモードによって異なり、コアを覆うクラッドの直径は125μmと、人間の髪の毛と同じくらいの太さのようです(MMモードではコア径は50μmで、SMモードではコア径は10μm)。

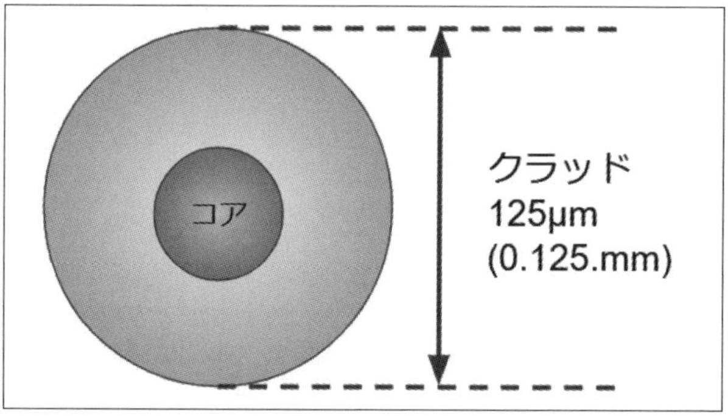

図6-4-1　FCケーブルの断面

光コネクタの種類

ケーブル両端のコネクタの形状によって、SC型コネクタ、LC型コネクタなどと呼ばれます。

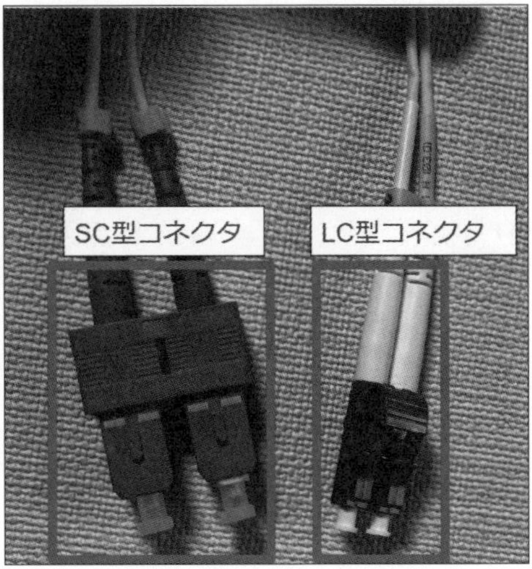

図6-4-2　コネクタの形状

フェルールの研磨

光ファイバコネクタの先端は「**フェルール**」と呼ばれていて、フェルール同士を突き合わせることで光信号を接続します。

フェルールとフェルールの接続は非常にセンシティブなので、フェルールの磨き方、つまり研磨方法には「**PC** (Physical Contact) **研磨**」や**APC研磨**など名称がつけられています。

ほかにもいろいろな研磨名がありますが、研磨名によって反射減衰量が変わってきます。

PC研磨されているものは青色のコネクタを、APC研磨されているものは緑色のコネクタを一般的に使うようです。

フェルールはセンシティブなので汚れがつくと通信に支障が出ます。

フェルールを光コネクタ用クリーナーでクリーニングすることで、汚れが原因だった場合は通信障害から回復することがあります。

ちなみに、研磨とクリーニングは異なるものです。

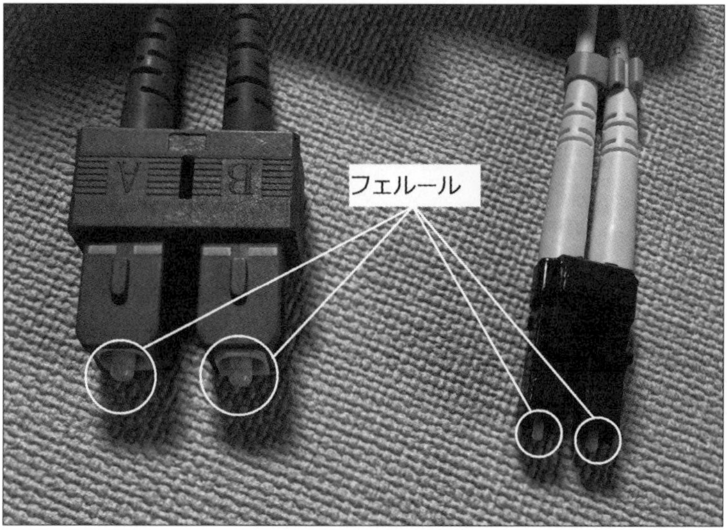

図6-4-3　フェルール

その他の障害

その他の障害としては、

- ストレージのファームアップ（バージョンアップ）を行なったら設定の一部がデフォルトに戻った
- 部品を交換したらデータがすべて見えなくなった
- 登録してある証明書の期限が切れて管理ページにログインできなくなった

……など、多岐にわたります。

第7章 ネットワーク機器

今やネットワークは企業のインフラに欠かせない要素です。
本章ではサーバルーム＆データセンターでネットワーク機器がどのように活用されているかハードウェア寄りの視点で記載します。

7-1 ネットワーク機器について

ここでは、ネットワークの概要について記載します。
個々の設定も重要ですが、全体を俯瞰することで見えるものがあります。

ネットワークの構成例

自宅の場合のよくあるネットワーク構成例を記載します。

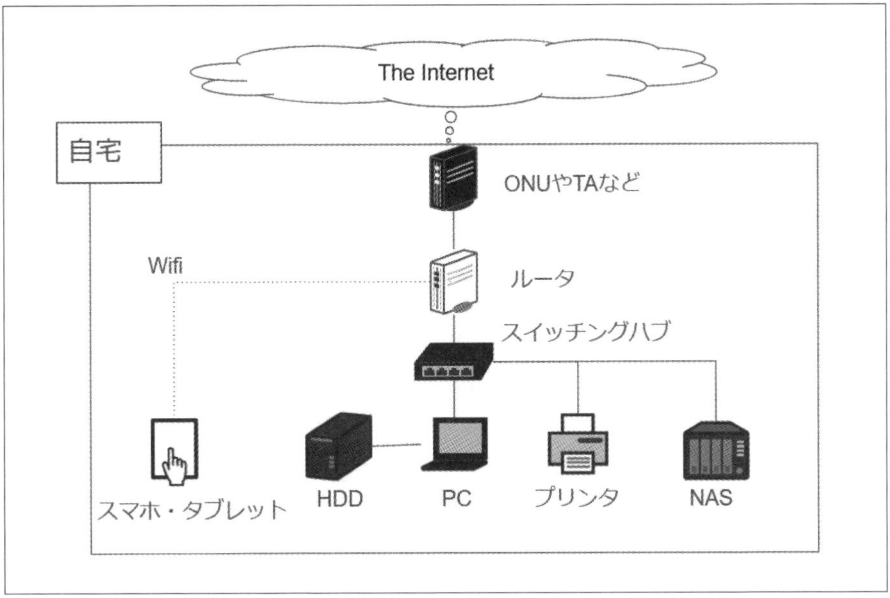

図7-1-1　自宅のネットワーク構成例

＊

次は、サーバルームやデータセンターでよくあるネットワーク構成例です。

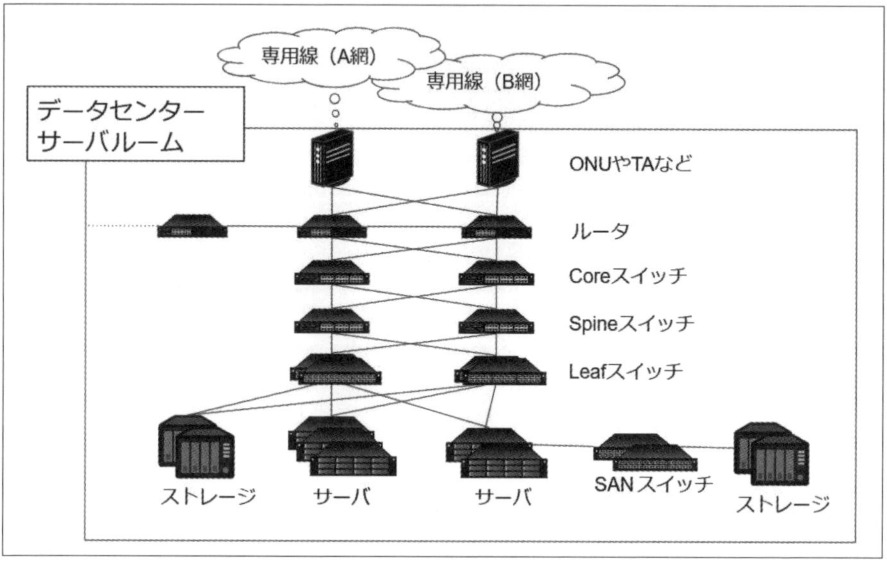

図7-1-2　サーバルームやデータセンターでよくある構成例

ネットワーク機器とは何か？

「**ネットワーク機器**」とは、極論すると**ネットワーク用途に特化したアプライアンスサーバ**と考えると分かりやすいでしょう。

アプライアンスと組み込み機器は別物ですが、特定用途に特化した特殊な機器という意味では同じ分類であると考えます。

たとえば、Linuxサーバでルータの設定を行なえばルータとして利用できますが、多くの場合、ルータにはそれほどFATでリッチなリソースは求められておらず、ネットワーク機器として動作してくれればその他の部分はむしろセキュリティリスクとなるので余分であり、除外されます。

汎用サーバは最低限CPU、メモリ、内蔵ストレージを備えますが、ネットワーク機器の大半は普通のCPU、メモリ、内蔵ストレージがありません。

具体的にはCPUの代わりとしてネットワーク処理に特化したチップと、読み書き可能な特殊ないくつかのメモリで構成されています。

OSについても同様で、ネットワーク機器には組み込みOSやリアルタイムOS(RTOS)などが採用されています。

シスコシステムズのルータやスイッチには、「**IOS**」(Internetwork Operating System)や「**NX-OS**」(network operating system)、「**IOS XR**」が搭載されていることは有名です。

なお、IOSはApple社のiPhoneのOSと同じ名前ですが、まったく別物です。

ネットワークの基礎知識

ネットワークに関する知識や情報はとても幅広く、そして奥が深いので詳しく解説するとそれだけで何冊も本ができてしまいます。

本書ではごく基礎的な情報のみ記載するので、興味があればネットワークの専門書を読み漁ってみてください。

MACアドレス

「**MACアドレス**」のMACはMedia Access Controlの略で、16進数で表わされたデータです。

たとえば「B8-08-CF-B5-68-EA」(IPv4の場合)のような形です。

ネットワークではIPv4とIPv6という異なるプロトコル(規格)がありますが、本書ではIPv4を扱います。

＊

MACアドレスの前半6桁は「**OUI**」(Organizationally Unique Identifier、組織的に一意な識別子＝ベンダ・コード)と呼ばれ、メーカーによって固定されます。

たとえば「30:59:B7」であればMicrosoftであると分かります。

ちなみにメーカーは複数のOUIをもつことがあります。

後半6桁が「**ベンダー管理番号**」で、ベンダーが振り出した番号です。

MACアドレスは世界で一意(重複が無い)と定義されていますが、わりと簡単に書き換えることができてしまうので、一部の中国製品などはMACアドレスが重複しているケースも実際にあります。

また、あえて重複させることによる攻撃手法も存在します。

主にIPアドレスが定まっていないような通信で利用されます(IPアドレスが

判明した後も通信のヘッダー内ではMACアドレスが含まれます）。

*

ファイバーチャネルやiscsi接続などでは、「**WWN**」（World Wide Name）と呼ばれる各機器に割り当てられた固有の識別番号を使って通信します。

NICには固有のMACアドレスが存在するように、ファイバーチャネルのHBA（HostBusAdapter）には固有のWWNが割り当てられます。

さらに同様に、InfinibandのHCA（HostChannelAdapter）には固有のGUIDが割り当てられます。

ちなみにMACアドレスとWWNとGUIDはそれぞれまったく異なる桁数となっています。

IPアドレス

「**IPアドレス**」はネットワーク上の住所のようなものです。

32ビットの値を8ビットごとに4オクテット（1オクテット＝8ビット）に区切って10進数で表わした「192.168.1.10」のような形式です（IPv4の場合）。

IPアドレスは、自分で固定に決めることもできますし、DHCPサーバから自動で割り振ってもらうこともできます。

IPアドレスはLAN内で重複すると問題がありますが、LAN外であれば重複（同じ値）することは普通にあります。

たとえば、関連の無い会社Aと会社Bで、それぞれ同じIPアドレスを使っていても何も問題はありません。

デフォルトゲートウェイ

「**デフォルトゲートウェイ**」は、LAN内のゲートウェイサーバのことです。
特に経路の指定のない通信は、デフォルトゲートウェイに向かいます。
IPアドレスと同様に、「192.168.1.254」などと表わされます。

デフォルトゲートウェイの第4オクテットは1や254が使われることが多いです。
「xxx.xxx.xxx.1」や「xxx.xxx.xxx.254」のような形です。
複数NICをもつサーバでは、どれか1個のNICだけにデフォルトゲートウェイが設定されます(それ以外のNICにはデフォルトゲートウェイは設定しません)。

サブネットマスク

「**サブネットマスク**」は、IPアドレスをマスクすることでIPアドレスをネットワーク部とホスト部に分割し、柔軟に活用できるようにするものです。

たとえば30bitのサブネットマスクは「255.255.255.252」と書いたり、「192.168.1.10/30」(CIDRサイダー表記、プレフィックス表記)と書いたりできます。
「192.168.1.10/30」の場合、先頭のネットワークアドレス「192.168.1.8」と最後のブロードキャストアドレス「192.168.1.11」以外が使えます。

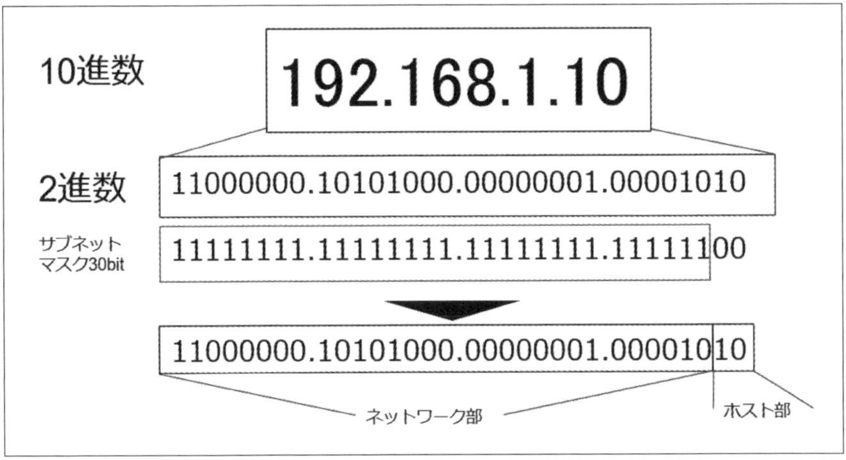

図7-1-3　サブネットマスクのイメージ

表7-1-1　サブネットマスク早見表

	プレフィックス	サブネットマスク	IPアドレス数
クラスA	/8	255.0.0.0	16,777,216
	/9	255.128.0.0	8,388,608
	/10	255.192.0.0	4,194,304
	/11	255.224.0.0	2,097,152
	/12	255.240.0.0	1,048,576
	/13	255.248.0.0	524,288
	/14	255.252.0.0	262,144
	/15	255.254.0.0	131,072
クラスB	/16	255.255.0.0	65,536
	/17	255.255.128.0	32,768
	/18	255.255.192.0	16,384
	/19	255.255.224.0	8,192
	/20	255.255.240.0	4,096
	/21	255.255.248.0	2,048
	/22	255.255.252.0	1,024
	/23	255.255.254.0	512
クラスC	/24	255.255.255.0	256
	/25	255.255.255.128	128
	/26	255.255.255.192	64
	/27	255.255.225.224	32
	/28	255.255.255.240	16
	/29	255.255.255.248	8
	/30	255.255.255.252	4
	/31	255.255.255.254	2
	/32	255.255.255.255	1

ループバックアドレス

「**ループバックアドレス**」は、「127.0.0.1」で自分自身を表わすIPアドレスです。

グローバルIPアドレス

「**グローバルIPアドレス**」は、ルータのインターネット側に設定されたIPアドレスのことです。

プロトコル

「**プロトコル**」とは規格のことです。

プロトコルで定められた規格や手順を踏むことで、異なる機器同士が通信できます。

TCP/UDP

「**TCP**」はTransmission Control Protocolの略で、インターネットの主要なプロトコルの一つです。

パケットの再送やエラー補正の機能を内包します。

それらの機能を内包するため、データが確実に相手に届き、届かない場合はきちんとエラーを吐いてくれるのです。

信頼性の高い通信で採用されます。

＊

「**UDP**」はUser Datagram Protocolの略で、TCPと同様にプロトコルの一種です。

パケット再送やエラー補正の機能はありませんが、その分、データ送信負荷が低かったり、データ転送速度がTCPと比較して早かったりなどの違いがあります。

音声通話など、データ再送に意味をなさない通信に適しています。

NIC

「**NIC**」はNetwork Interface Cardの略で、物理的なネットワークの挿し口を意味します。

基本的にNIC1個に対してIPアドレス1つが振られますが、業務用途では1つのNICに対し複数のIPアドレスを割り当てたり、1つのNICを複数の仮想マシンで利用したりすることもあります。

VLAN

「**VLAN**」はVirtual LANのことです。

VLANを活用することで、ネットワークを柔軟に分割できます。

たとえば、同じスイッチにつながっているネットワークを、VLANを分けることでセグメントを分割します。

PoE

「**PoE**」はPower over Ethernetの略で、給電機能をもったネットワーク機器、NIC、LANケーブルを指します。

身近で利用されている例としては「**IP電話**」があります。

IP電話はLANケーブルから給電された電気で動きます。

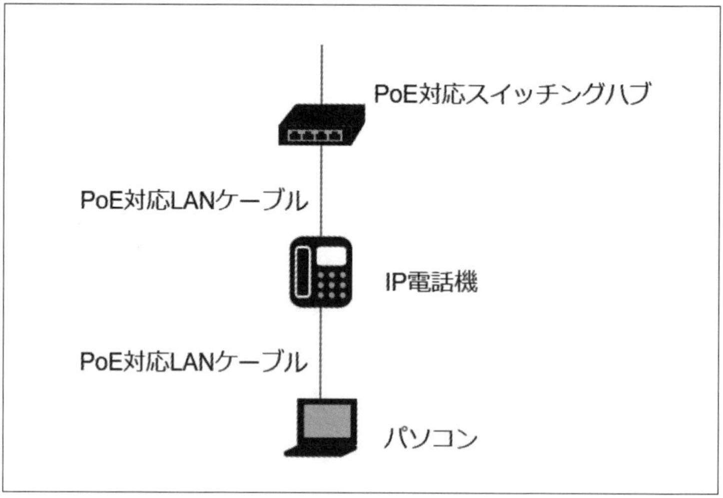

図7-1-4　PoE利用例

IP電話

昔の電話は「**PBX**」（Private Branch Exchange）と呼ばれる電話交換機とアナログ電話機の組み合わせが用いられていましたが、最近はTCP/IPを用いたIP電話（IP-PBX＋SIPサーバ）が利用されることが多いようです。

パケット調査

ネットワークは可視化が難しいことから、障害があったときに調査することが難しいです。

そこで障害時にパケットレベルで調査するためのツールについて紹介します。

Windowsであれば、「**Packet Monitor**」(Pktmon)や「**WireShark**」を使って調査し、Linuxであれば「**tcpdumpコマンド**」やWireSharkで調査します。

小規模なネットワーク構成例

業務用のネットワークで小規模なネットワークの構成例を示します。

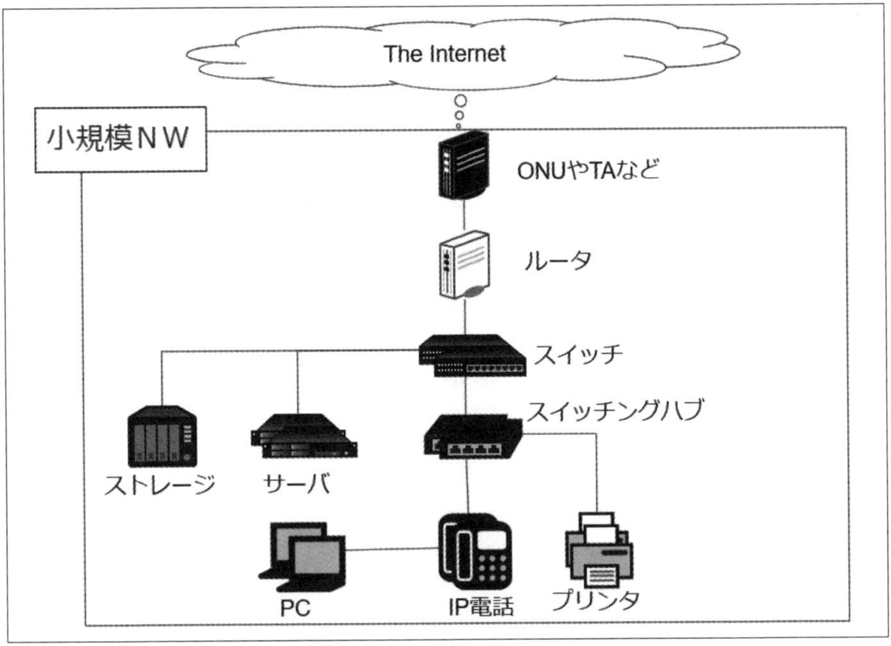

図7-1-5　小規模なネットワーク構成例

リーフスパイン構成

中規模以上のネットワークでよく見られる「**リーフスパイン構成**」について、ここでは解説します。

「**スパインスイッチ**※」はすべて「**リーフスイッチ**※」に接続されます。
スパインスイッチ同士や、リーフスイッチ同士は接続しません。

※リーフスイッチはネットワークの末端の機器（サーバなど）に接続されるスイッチで、スパインスイッチはリーフスイッチ同士を接続するスイッチ（スイッチ自体については**本章**の**[7-2]**を参照）

リーフスパイン構成のメリットは、ホップ数を減らすことで応答時間を減らせることと、図を見て分かるように、スパインスイッチやリーフスイッチを追加することで簡単に構成を拡張できることです。

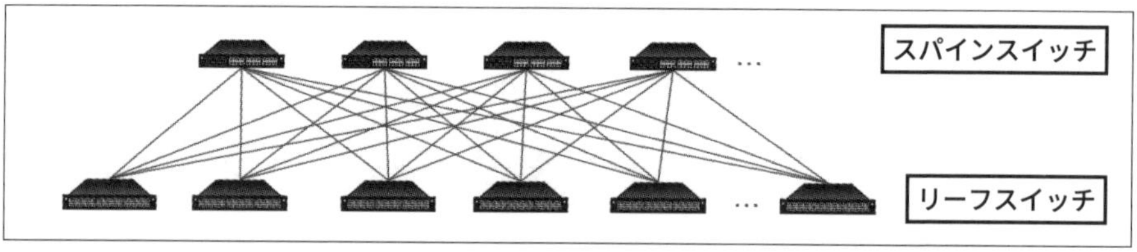

図7-1-6　リーフスパイン構成のイメージ

L2スイッチとL3スイッチとルータの違い

「**L2スイッチ**」はレイヤー2（MACアドレス）を見て通信をします。
扱うデータの形式は「**フレーム**」と呼ばれます。

一方、「**L3スイッチ**」と「ルータ」はレイヤー3（IPアドレス）を見て通信をします。
扱うデータの形式は「**パケット**」と呼ばれ、フレームをカプセル（内包）しています。

L3スイッチとルータは異なるセグメント間のルーティングができます。
L2スイッチは「**ブロードキャストドメイン**」（同一ネットワークセグメント。ブロードキャストパケットが届く範囲のこと）を分割しませんが、L3スイッチとルータはブロードキャストドメイン（＝ネットワークセグメント）を分割できます。

ただし、VLANを使えばL2スイッチでもブロードキャストドメインを分割できます。

L3スイッチとルータ(IPアドレスを見て通信)は似ていますが、L3スイッチはLAN内の通信を扱うのに対し、ルータはLANとWANの通信を扱うことができます。

L2スイッチ、L3スイッチ、L4スイッチ、L7スイッチ

「**L4スイッチ**」はIPアドレスに加え、ポート番号やセッションまで判別して通信を行なう機器です。

そして、「**L7スイッチ**」はOSI参照モデルのアプリケーション層の中身まで解析して通信を行なえる機器です。

この中ではL7スイッチが最も細かく通信を制御できますが、価格が高かったり、通信のオーバーヘッドで速度が出なかったり、設計が難解になったりなどの問題もあるので、何も考えずにL7スイッチを選択しようとするのは悪手です。

秋葉原でネットワーク機器を買えるお店

関東近郊に住んでいる方にしか役に立たないかもしれませんが、秋葉原でネットワーク機器を実際に見て購入できるお店を紹介します。

秋葉原でネットワーク機器を買えるお店

・NW工房：https://nw-akiba.com/
・VigonetLabs(ヴィゴネットラボ)：https://vigonetlabs.net/

7-2 ネットワーク機器の用途

ネットワーク機器と一言で言っても用途や目的によってさまざまな種類があります。

本節ではネットワーク機器の種類について簡単に紹介します。

モデム/ONU

「**モデム**」とは、Modulator（変調器）/Demodulator（復調器）のMo/Demを表わしていて、デジタルデータをアナログ信号に変換し、また逆にアナログ信号をデジタルデータに変換する機器です。

「**ONU**」とはOptical Network Unitの略で、「**光回線終端装置**」のことです。
光ファイバケーブルを通って送られてくる光信号をデジタル信号に変換する機能をもちます。

＊

モデムもONUも、インターネットと宅内との境界で利用される機器です。

ルータ(Router)

「**ルータ**」は、主に異なるネットワーク同士を接続する機能をもつネットワーク機器です。

見た目ではスイッチと区別がつかないことがあります。

オプションパーツを追加したり付け替えたりすることによって、接続できるケーブルの種類を増やすなど機能を拡張できる機種もあります。

図7-2-1　Ciscoルータ

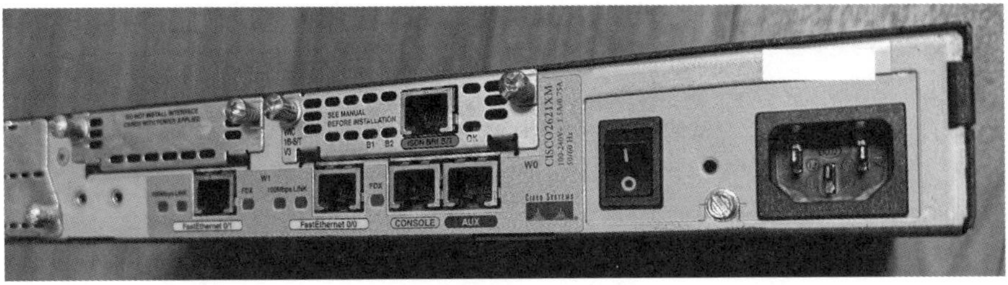

図7-2-2　Ciscoルータ背面

*

家庭用ルータで有名なメーカーはBUFFALO、I-O DATA、NEC、ELECOM、TP-Link、Synologyなどいろいろありますが、業務用ルータで圧倒的に有名なのはCisco（シスコシステムズ）の製品となります。

ほかにルータでよく使われているメーカーは、YAMAHAやNEC、アライドテレシスなどさまざまです。

また、家庭用ルータの形状はメーカーによって大きく異なります。

図7-2-3　家庭用ルータの前面と背面の例

スイッチ(Switch)

「**スイッチ**」は、主にLAN内の機器同士を通信させる機能をもつネットワーク機器です。

すでにご説明した通り、スイッチにもL2スイッチやL3スイッチなど、さまざまな種類があります。

ルータと同様に、オプションパーツを追加したり付け替えたりすることで、接続できるケーブルの種類を増やすなど機能を拡張できる機種もあります。

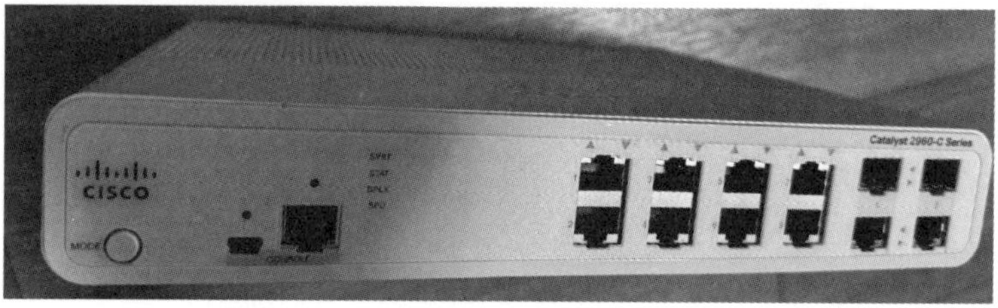

図7-2-4　スイッチ

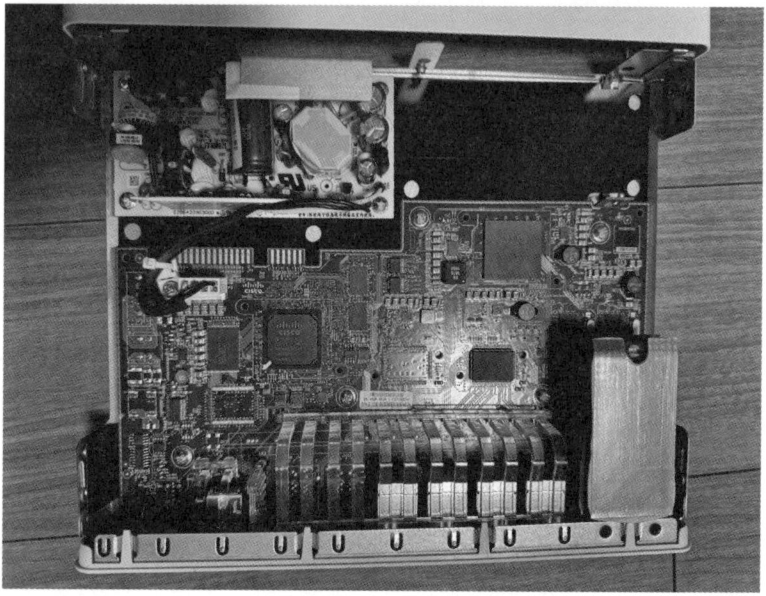

図7-2-5　スイッチの中身

家庭用のスイッチはハブ(詳細は後述)のような用途で利用されることがあるため、スイッチングハブと呼ばれることもあります。

＊

家庭用スイッチで有名なメーカーはBUFFALO、NETGEAR、NEC、ELECOM、TP-Linkなど、いろいろあります。

業務用スイッチで有名なメーカーはやはりルータ同様、Cisco(シスコシステムズ)となります。

Cisco製スイッチはさまざまな種類がありますが、製品名としては「**Nexusシリーズ**」や「**Catalystシリーズ**」が有名です。

中古スイッチを接続する例

本章でコアスイッチ、スパインスイッチ、リーフスイッチを用いた構成例を記載しましたが、特定の製品を使わなければならないなどの制約はありません(もちろん、製品によって使える機能と処理量は異なります)。

ここでは中古で購入したCisco社のスイッチである「**Catalyst 2960C**」に接続する例を紹介します。

＊

まず、中古で購入したネットワーク機器はパスワードが分からないケースが多いので、パスワードを初期化します。

パスワード初期化の手順は機器によって異なるので、ググってみてください。

恐らく、下記のような流れになると思います。

パスワード初期化のおおよその流れ

- ネットワーク機器とPCをケーブルで接続
- Teratermなどのソフトでネットワーク機器に接続する
- ネットワーク機器の電源を落とす
- 何かボタンを押しながらネットワーク機器の電源を入れる
- 初期化の手順を行なう

ネットワーク機器とPCの接続は「**コンソールケーブル**」を利用します。

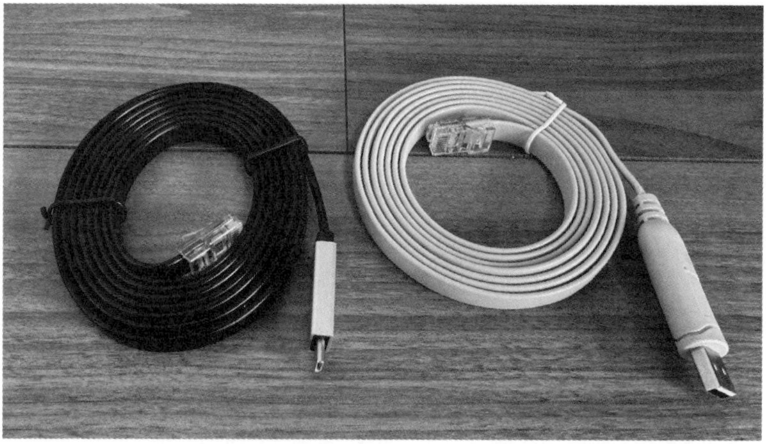

図7-2-6　USB Type-Cのコンソールケーブル(左)とType-Aのケーブル(右)

図7-2-7　Catalyst2960CとPCを接続してからTeraTermで接続した例

コンソールポートへの接続と操作は「TeraTerm」などのターミナルソフトを使いますが、コンソールケーブルをつないだだけではターミナルソフトの接続先一覧に表示されないことがあります。

そのような場合は恐らくデバイスドライバのインストールや更新が必要です。

デバイスマネージャー（devmgmt.msc）を開くとポート番号が確認できますが、警告マークが出ている場合はデバイスドライバのインストールが必要です。

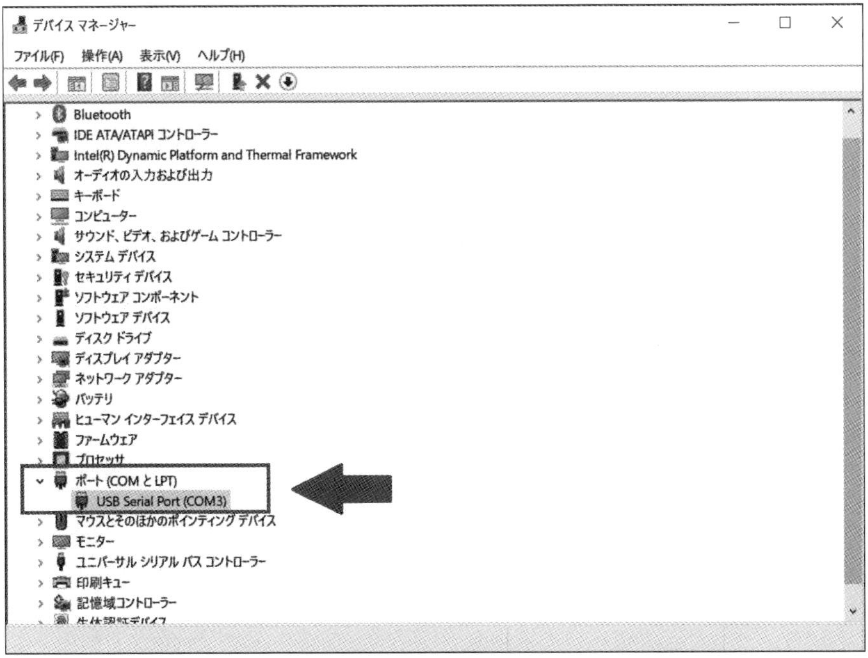

図7-2-8　デバイスマネージャーのポートでポート番号が分かる

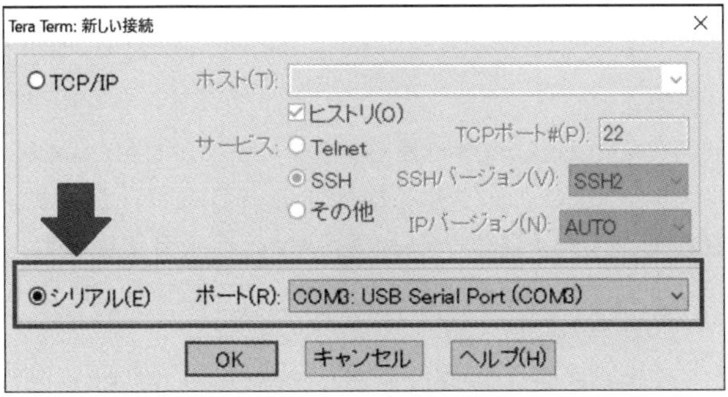

図7-2-9　TeraTermでシリアルを選択した場合の画面例

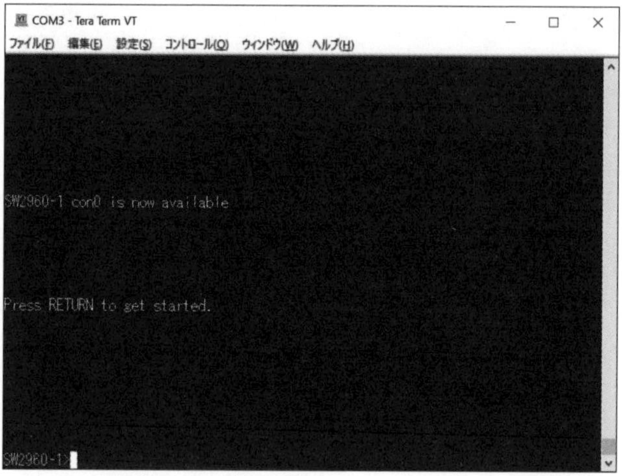

図7-2-10　ネットワーク機器にTeratermで接続した画面

接続ができたら、「**enable**」で特権モードに入り、「**show running-config**」で現在の設定を確認したり、「**startup-config**」を書き換えたりします。

SANスイッチ

「**SANスイッチ**」はサーバとストレージの間（高速ネットワーク）で利用されるスイッチです（SANはStorage Area Networkの略）。

SANスイッチにFCケーブルで接続する構成のときは「**FCスイッチ**」（Fibre Channel Switch）と呼ばれることもあります。

*

SANには2種類あります。

サーバのHBA（HostBusAdapter）からFCケーブルでSANスイッチに接続し、そこからストレージにFCケーブルで接続する「**FC-SAN**」と、サーバのNICからLANケーブルもしくはFCケーブルでSANスイッチに接続し、そこからストレージにLANケーブルもしくはFCケーブルで接続する「**IP-SAN**」です

FC-SANはファイバチャネルプロトコルで通信し、IP-SANはiSCSIなどで通信します。

各NICにMACアドレスが存在するように、各HBAにはWWN（World Wide Name）が存在します。

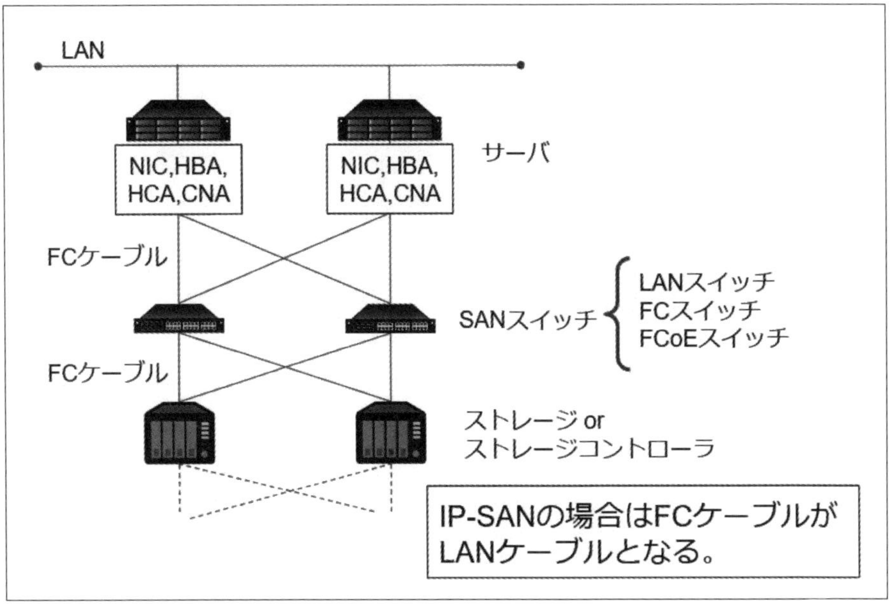

図7-2-11　FC-SANのイメージ図

図7-2-11のHCAはInfiniband用の「**SFP**※」で、CNA（Converged Network Adapter）はFCoE（Fibre Channel over Ethernet）用のSFPです。

※Small Form-Factor Pluggable。要するにケーブルと機器をつなぐコネクタ。
受け側を「SFPポート」、ケーブル側につける部品を「SFPトランシーバ」と呼ぶ。

ハブ

「**ハブ**」（HUB）とは、流れてきたデータを接続先の複数NICにそのまま流す機器です。

主にネットワークの末端で利用されることが多く、たとえば、机の島で使われることが多いです。

ハブには「**バカハブ**」（**リピータハブ**）と呼ばれる、流れてきたデータをすべての接続先にそのまま流すものから、MACアドレスを見て宛先を判断して流す「**スイッチングハブ**」（≒L2スイッチ）など、いくつかの種類があります。

図7-2-12　ハブ

パッチパネル

「**パッチパネル**」とは、流れてきたデータを接続先のNICにそのまま流す中継機器です。

ハブと似ていますが、ハブが1対多であるのに対し、パッチパネルは各NICが1対1となっています。

パッチパネルを利用する用途としては、LANケーブルの配線の簡素化やビルの別のフロアまでLAN線を引くようなLANの伸長などがあります。

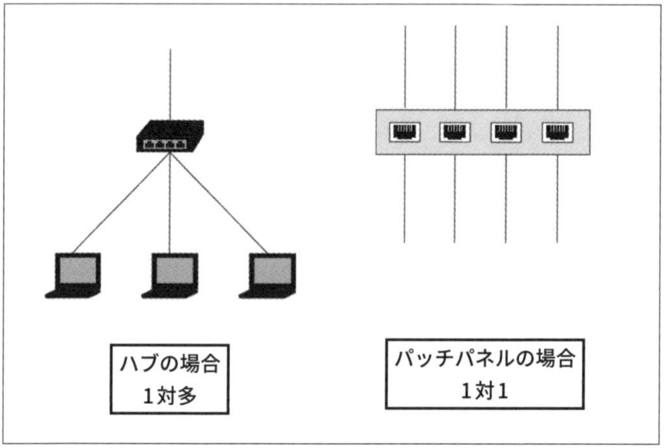

図7-2-13　ハブとパッチパネルの違い

ファイアウォール/UTM

「**ファイアウォール**」(Firewall) は、主に必要な通信以外を遮断する機能をもつネットワーク機器です。

最近ではファイアウォールだけではなく、「**UTM**」(Unified Threat Managementの略)のような統合型脅威管理の製品もあります。

要するにファイアウォール、アンチウイルス、アンチスパム、Web(URL)フィルタリング、IDS (Intrusion Detection System/不正侵入検知システム)、IPS (Intrusion Prevention System/不正侵入防御システム)、迷惑メール対策、サンドボックス機能などの、複数のセキュリティ機能を集約した機器です。

UTM製品としては、Juniper Networks社の「**SSG シリーズ**」やFortinet社の「**FortiGate**」、Cisco社の「**Meraki**」、Palo Alto Networks社の「**PA シリーズ**」などが有名です。

7-3 ネットワーク機器の導入

ここでは、ネットワーク機器を導入する際のフローや気にするべき点などについて簡単にまとめています。

ネットワーク機器の導入フロー

ネットワーク機器を導入する場合のフロー例(会社によって異なる)を**次図**に示します。

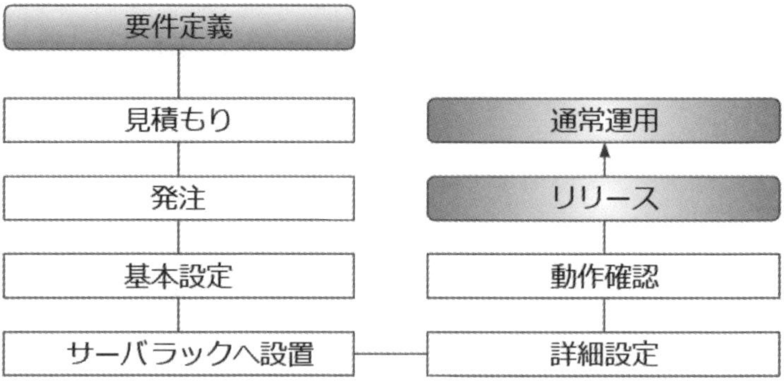

図7-3-1　ネットワーク機器の導入フロー例

ネットワーク機器ごとの設定方法

ネットワーク機器も通常のコンピュータと同様にCPUとメモリをもつので、設定方法も物理的な設定からOSにログインして設定まで、さまざまな方法があります。

ネットワーク機器へ接続する方法の例

- ネットワーク機器とノートPCなどをコンソールケーブルで接続して直接設定
- ネットワーク越しにSSHなどでコンソールに接続して設定
- Chromeなどのブラウザで管理ページにログインして設定
- 統合管理ツールなどから設定をPush
- REST APIで設定

物理的な設定

ハブやパッチパネルなどは特に論理的な設定などはなく、物理的なディップスイッチの切り替え(尖ったボールペンなどで上下に動かす)程度で設定完了となります(もちろん配線は必要ですが)。

図7-3-2　物理的な設定用のディップスイッチ

Web設定画面(家庭用ルータなど)

家庭用ルータなどの簡易なネットワーク機器の設定は一般的に、ブラウザでWeb画面に接続して設定します。

Web設定画面のデザインはメーカーによって千差万別です。

図7-3-3　家庭用ルータの設定画面例

内蔵OSをクラックして設定

一部のネットワーク機器やストレージ機器は、ファームウェアアップデートなどの機能を利用(悪用?)して「**OpenWrt**」などのカスタムOSを導入することで、通常使用できない機能の利用やLinuxサーバとしての利用が可能になります。

OSにログインして設定

業務向けのルータやスイッチは、家庭用ネットワーク機器と比較してインテリジェントなOSをもつので、SSHなどで接続して設定を行ないます。

ネットワーク機器の管理(物理)

ネットワーク機器を管理する際に、物理的観点で確認するといい部分を挙げます。

物理的観点で確認する部分

・機器のステータスランプ状態は正常か
・LAN、FCケーブル、電源などが正しく挿さっているか
・個々のNICのランプ状態は正常か
・ケーブル類は乱れていないか
・異音、異臭がしていいないか
・ケーブルタグに抜けはないか
・ネットワーク機器の個数や設置場所をすべて把握しているか
・管理資料と実際の設置状況の差異はないか

ネットワーク機器の管理(論理)

ネットワーク機器を管理する際に、論理的観点で確認するといい部分を記載します。

論理的観点で確認する部分

・想定している通信ができているか
・想定している速度は出ているか(あるいはQoSは想定通り効いているか)
・ネットワーク機器にリモート接続できるか(SSH、Web)
・禁止した通信が正しく拒否できているか
・想定外のログが出ていないか
・未使用のポートは正しくshutしているか
・フェイルオーバーは正しく動作するか
・ロードバランス(Load Balance)は正しく効いているか
・証明書は想定通り利用されているか

7-4
ネットワークの障害と対応例

本節では、これまで筆者が体験したネットワークに関する障害について記載します。

よくある障害例なので、ぜひ参考にしてみてください。

ループ障害

「**ループ障害**」とは、ネットワーク機器に挿したLANケーブルを同じ機器に挿すことで通信がずっと転送され続け、やがて機器の処理能力を超えて、ダウンして通信できなくなる障害です。

簡単に発生してしまう障害ですが、ループした機器だけではなく、セグメントが全滅するので影響は大きいです。

たとえば、構成によっては1つのハブのループ障害でビル全体の通信がダウンすることもあります。

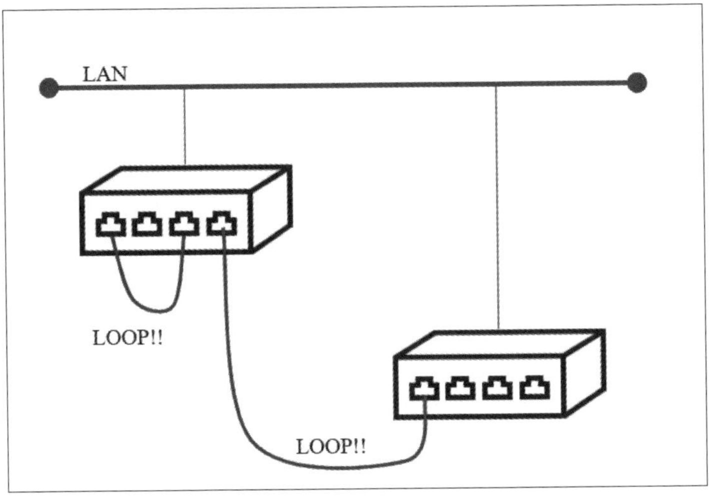

図7-4-1　ループの例

＊

対策としては利用者への注意喚起や、有識者にしかケーブルを触らせない環境作りなどがありますが、ヒューマンエラーを避けるのは難しいです。

最近ではループ障害に対応しているインテリジェントHUBのような機器もあるので、積極的に導入するのがいいでしょう。

速度が出ない

ネットワーク機器では、しばしば「**速度が出ない**」といった問題が発生します。このような場合の原因例を紹介します。

事象と原因の例

- ネゴシエーションがうまくいっていない(半二重、全二重の設定ミス)
- 性能上限に達している(古い規格のLANケーブルの使用など)
- 性能上限に達している(ネットワーク使用率100%)
- 性能上限に達している(通信先機器の性能上限)
- 性能上限に達している(使用するツールによる性能差)
- NICやケーブルの物理的故障
- 論理的な設定ミス
- 余計な経路を通ることによる速度低下
- アンチウイルスなどのセキュリティソフトの影響
- その他のハードウェア故障

ポート障害

「**ポート障害**」とは、ネットワーク機器の特定のポートだけが故障する障害です。

接続元のポート故障の場合もあります。

原因の切り分けは比較的容易で、別のポートにケーブルを挿して通信するだけで分かります。

ハードウェア故障

ハードウェアが故障すると通信が不安定になったり、突然電源が落ちてしまったり、異常な挙動を起こしたりなど、さまざまな症状が出ます。

輻輳

「**輻輳**《ふくそう》」とは、狭い範囲の機器に処理能力を超えた通信が集中すること(**コリジョンの多発**)によって、通信が異常に遅くなる障害です。

基本的に輻輳状態となると、問題が起きている機器には何もできない状態となってしまいます。

原因の切り分けとしては、正常に通信できる部分と応答が返ってこない部分を明確にすることで輻輳状態となっているセグメントや機器まで特定できるかもしれません。

設定は正しいのに通信ができない

原因はさまざまですが、機器の再起動や放電※することで回復する場合があります。

※機器に接続されているすべてのケーブルを抜いてから、電源ボタンを何度かON。

なんとなく挙動がおかしい

たまにあるやっかいな障害です。

一時的に通信が不安定な状態になったり、一時的に通信ができなくなったりしたあと、自然復旧してしまうようなケースです。

ネットワーク機器が壊れかけていたり、一部の経路を通ったときだけ事象が発生していたりなど、いろいろな理由が考えられるので、原因の切り分けを行なって地道に原因を突き止める必要があるでしょう。

*

ほかに筆者が体験した例では、電源と機器の間に噛ませた、UPSの不良が原因で通信が不安定になっていたケースがあります。

また、カットリレーコンセントと呼ばれる特殊なコンセント(館内放送がかかっている間は電源供給が止まる仕組み)に挿さっていたネットワーク機器が問題を起こしていた事例もありました。

パスワードを失念した

たまにある障害です。

パスワードの概念が存在しないハブなどは無視していいとして、パスワードを失念してしまったらどのように回復させればよいでしょうか。

パスワードを失念した場合の対処例

- メーカーのデフォルトパスワードを入力してみる
- リセットボタンがある機器の場合は、リセットボタンを押して設定を初期化する
- Configファイルを削除して設定を初期化する
- コンソールケーブルで直接接続する(これでパスワードを初期化できる場合がある)
- 脆弱性を利用してハックする

索 引

数字・記号順

アルファベット順

《A》

《C》

《D》

《E》

《F》

《G》

《I》

《J》

《L》

《M》

《N》

《O》

《P》

《S》

《T》

《U》

《V》

《W》

《X》

《Z》

五十音順

《あ》

《か》

《さ》

《著者略歴》

小林　隆宏（こばやし・たかひろ）

1979年千葉県生まれ。
大学生のときにWinMXにどハマりしITの世界にのめり込み、主にインフラ系の運用業務に従事し続ける。
「本」と「本を作ること」が好きで、『Excel裏リファレンス』など技術同人誌も多数発刊している。
商業誌の著書としては『インフラ系チートシート集』がある。

[主な著書]

《商業誌》
インフラ系チートシート集（インプレス NextPublishing）

《技術同人誌》
Excel裏リファレンス
詳説 何もしてないのに壊れた
GRIMOIRE インフラ系チートシート集
Heterosexual Hacks ～IT技術者のための異性と仲良くなる技術～
覗いてみよう！サーバールーム＆データセンター
Wordで手軽に高速に本を書く
幸せになる技術

[スペシャルサンクス]

心の支えになってくれた妻

本書の内容に関するご質問は、
①返信用の切手を同封した手紙
②往復はがき
③E-MAIL　editors@kohgakusha.co.jp
のいずれかで、工学社編集部あてにお願いします。
なお、電話によるお問い合わせはご遠慮ください。

サポートページは下記にあります。

[工学社サイト]
http://www.kohgakusha.co.jp/

I/O BOOKS

サーバとデータセンターが基礎から実践まで分かる本
～サーバの管理、故障対応……インフラ技術者がすべて解説!～

2024年 5 月30日　初版発行　©2024

著　者　小林　隆宏
発行人　星　正明
発行所　株式会社工学社
〒160-0011　東京都新宿区若葉1-6-2 あかつきビル201
電話　(03)5269-2041(代)[営業]
　　　(03)5269-6041(代)[編集]
振替口座　00150-6-22510

※定価はカバーに表示してあります。

印刷：(株)エーヴィスシステムズ
ISBN978-4-7775-2276-7